HUNDE JAHRBUCH DREI

für A_elie

Mariposa

HUNDE JAHRBUCH DREI

Geschichten von Hunden und ihren Menschen

MARIPOSA VERLAG

Bibliografische Information der Deutschen Nationalbibliothek
Die Deutsche Nationalbibliothek verzeichnet diese Publikation in der
Deutschen Nationalbibliografie; detaillierte bibliografische Daten sind im
Internet über http://dnb.d-nb.de abrufbar.
ISBN 978-3-927708-59-4

Umschlaggestaltung: Jens Krebs (www.flitzefisch.de)
Titelbild: © Martin Valigursky – Fotolia.com
Hintergrund: © jo.weber – Fotolia.com

© 2010 Mariposa Verlag
Fon 030 2157493 • Fax 030 2159528
U. Strüwer Drakestr. 8a 12205 Berlin
www.mariposa-verlag.de

Inhalt

Vorwort

Kennen Sie, liebe Leserin, lieber Leser, die frühesten Auswirkungen der Entstehung des Grand Canyon? Eine indianische Legende besagt dazu Folgendes: Eines lang zurückliegenden Tages brach in Nordamerika die Erde auf, ein Riss zog sich durchs Land und wurde schnell breiter und tiefer. Die Menschen wollten natürlich nicht voneinander getrennt werden und bemühten sich, alle auf eine Seite zu kommen. Ebenso die Tiere. Sie sammelten sich auf der anderen Seite. Als der Spalt schon fast unüberwindlich war, sprang ein Hund, der sprechen konnte, zu den Menschen herüber und sagte: „Ich gehöre doch zu Euch!" So ist dieser Überlieferung zufolge die tiefe Verbundenheit zwischen Mensch und Hund entstanden. Wie bildhaft diese Darstellung auch sein mag, im übertragenen Sinne stimmt sie. Menschen domestizierten zunächst Wölfe, machten sich deren Fähigkeiten nutzbar, züchteten aus ihnen neue Hunderassen, verschieden in Aussehen, Größe und Eigenschaften, und lernten sie als Gefährten schätzen. Seither ist die Treue von Hunden zu ihren Menschen sprichwörtlich.

Der wichtigste „Nutzen", den wir von unseren vierbeinigen Freunden haben, dürfte die Freude sein, die sie uns tagtäglich bereiten, und die Liebe, die sie uns als Familienmitglieder entgegenbringen. Und es ist folgerichtig, dass es außer absolut verlässlichen Blindenhunden längst auch Therapiehunde gibt, die Menschen bei der Überwindung persönlicher und gesundheitlicher Krisen helfen. Auch in Altenheimen erfreuen Hunde zunehmend Senioren mit ihren Besuchen. Hunde sind ein wirksames „Mittel" gegen Einsamkeit. Kein Wunder, dass immer mehr Ärzte erkennen, dass das Zusammenleben mit einem Hund psychisch guttut und so der Gesundheit zuträglich ist. Ich selbst habe als Kind und Teenie erlebt, welch Motivator und Trostspender der Schnauzer-Pudel-Mischling war, mit dem ich aufgewachsen bin; immer übrigens auch ein vertrauenswürdiger Kumpel, wenn das Gassi-Gehen dafür herhalten musste, Freunde und erste Freundinnen zu treffen. Als junger Erwachsener begann ich meine journalistische Laufbahn in der Lokalredaktion einer Tageszeitung. Da ich auch fotografierte, musste ich oft „raus", und Tiergeschichten lagen mir sowieso.

So bin ich allein in diesen vier Jahren Hunden in allen möglichen und unmöglichen Situationen begegnet: Rettungshunden, die nach der Sprengung eines Hauses die übungshalber darin versteckten, mit getragener Kleidung angezogenen Puppen innerhalb kurzer Zeit sämtlich gefunden hatten; Wach- und Polizeihunden, denen nichts entging; bei einer Rottweiler-Prüfung dem beeindruckenden Weltsieger und auf Ausstellungen teils lächerlich zurechtgemachten Modehündchen; einem armen Bobtail, der völlig zerfleischt in eine Tierklinik gebracht worden war und auch zwei Leichenspürhunden, die engagiert bei der Aufklärung eines Verbrechens halfen. Vor allem aber schrieb ich immer wieder über Hunde, die ihre Menschen gerettet oder vor etwas Schlimmen bewahrt hatten. Einmal beispielsweise hatte eine Schnüffelnase nachts einen Schwelbrand, der ein ganzes Haus zerstörte, so rechtzeitig gewittert und seine Familie geweckt, dass diese noch flüchten konnte. In einem anderen Fall war ein Mann in der kalten Jahreszeit im Wald mit einem Kreislaufkollaps bewusstlos zusammengebrochen und wäre wohl erfroren, wenn sich nicht sein Freund mit dem – rechtmäßigen! – Pelz auf ihn gelegt und ihn so lange gewärmt hätte, bis menschliche Helfer, die auf sein Bellen aufmerksam geworden waren, herbeieilten.

Es gibt viele solche Geschichten über unsere Freunde auf vier Pfoten. Eine vielfältig zusammengestellte Auswahl – sie reicht von augenzwinkernden Darstellungen bis hin zu ernsten Begebenheiten – finden Sie in diesem Buch. Es sind lebendige Beispiele von Freundschaften zwischen Menschen und Hunden bestimmter Rassen (zwei Mischlingsgeschichten gibt es aber auch), aufgeschrieben von den beteiligten Zweibeinern. Obwohl: Ein Husky kommt auch zu Wort. Außerdem gibt es ein Kapitel über die „Rasse Mensch", die nicht immer gut mit Hunden umgeht, wie ein weiterer Text dokumentiert. Aber es gibt Möglichkeiten zur Hilfe. Das Hunde Ja(hr)-Buch 2 enthielt übrigens die erstmalige Beschreibung einer Rasse, des Katalonischen Zwergwolfes. Diese stieß auf großes Interesse in der Presse und im Internet. Doch ob Rassehunde oder Mischlinge – sie alle erfreuen uns tagtäglich, helfen uns, halten uns fit. Und erinnern uns mit ihrer Zuneigung daran, dass wir Verantwortung tragen. Für sie und andere Tiere.

Jürgen Streich, Frechen-Königsdorf bei Köln, im Oktober 2010

Yippie
oder: Die Landkarte im Kopf

Elisabeth Petzina

Als ich die Geschichte mit Yippie erlebte, war ich zum ersten Mal geneigt, an Tier-Telepathie zu glauben. Wenig später lernte ich in meiner Ausbildung zur Tierpsychologin, dass es eine viel einfachere, rein naturwissenschaftliche Erklärung für Yippies Verhalten gibt – aber wunderbar genug bleibt es, egal, wie es zu erklären ist.

Ich will beim Anfang beginnen: Ich wusste von Yippie, bevor er der Hund von Dr. Schwarz wurde, denn Dr. Schwarz kam in meine „Rasseberatung". Das ist ein preiswerter Service, den der Tierschutzverein seit Langem anbietet: Hundefreunde, die sich einen vierbeinigen Hausgenossen der Spezies „canis lupus familiaris" zulegen wollen, können sich bei uns beraten lassen, welche Rasse und welcher Typ von Hund am besten zu ihnen passen würde. Fast immer finden wir eine für die Lebensverhältnisse des Hundefreundes geeignete Rasse. Dann kommt die Beratung bei der Auswahl des Züchters. Das alles war bei Dr. Schwarz nicht nötig, besser gesagt: nicht möglich. Er hatte sich längst für eine Rasse entschieden, hatte, wie das so oft geschieht, sich den Hund ausgesucht, der fast am schlechtesten zu ihm passte, und erwies sich als völlig beratungsresistent. Mit höflicher Geduld hörte er sich meine Argumente an, die ihn von Yippies Rasse abbringen sollten, und jedes schien seine Begeisterung nur noch zu steigern. Yippie ist nämlich ein Border Collie und seit der schlaue Border Collie Rico im Fernsehen war, sind die Borders Modehunde. Dabei eignet sich kaum ein Hund schlechter für viel beschäftigte Großstadtmenschen – und so einer war beziehungsweise ist Dr. Schwarz: Hausarzt mit großer Praxis, dazu zwei Jungen im erziehungsbedürftigsten Alter, eine berufstätige Ehefrau, ein Hausmädchen, das keine Ahnung von Hunden hat, und ein typisches Reihenhaus in guter stadtnaher Lage mit einem Gärtchen von Handtuch-Größe.

Als ich das Gespräch beendet hatte – ich hatte Dr. Schwarz geradezu angefleht, sich keinen Border Collie zu kaufen –, war ich überzeugt, ihn nie wiederzusehen. Denn ich weiß aus Erfahrung: Wenn jemandem von einem fest gefassten Plan abgeraten wird, kommt der Betreffende nicht wieder. Umso erstaunter war ich, als Dr. Schwarz beim nächsten Informationsabend für Welpenerziehung prompt mit der ganzen Familie auftauchte (ohne das Hausmädchen, das musste

Yippie Gesellschaft leisten, der bereits bei Familie Schwarz eingezogen war). Er könne gar nicht verstehen, warum ich ihm von einem Border Collie abgeraten habe, Yippie sei der bravste, ruhigste Hund, den man sich denken könne, berichtete Dr. Schwarz und die ganze Familie stimmte zu und sang Yippies Loblied in den höchsten Tönen. Dass ein acht Wochen alter Welpe die ersten Tage im neuen Heim viel schläft und einen ruhigen Eindruck macht – wen wundert's! Das kleine Gehirn muss eine solche Fülle von Eindrücken verarbeiten, dass dies allein schon müde machen kann, und auch die Anwesenheit von zwei sehr lebhaften Jungen kann so ein Hundchen schon dazu bringen, öfter mal den Schutz des Körbchens aufzusuchen, denn dort durften die Jungen ihn nicht stören. Und von der strengen Stimme, mit der ihr Vater dieses Gebot erläuterte, konnte ich schließen, dass er da wohl nicht mit sich – und dem Hund – spaßen lassen würde. Die anderen Teilnehmer waren längst gegangen. Nun war es an mir, geduldig zu sein und ein Dutzend Fragen sorgfältig zu beantworten, bis schließlich Frau Schwarz sagte: „Enno, es ist genug, die Jungen haben morgen früh Schule." Wir verabschiedeten uns und ich sagte, was ich in solchen Fällen immer sage: „Wenn sich ein Problem ergibt, können Sie mich getrost anrufen." Auch das ist ein Service des Tierschutzvereins, denn uns liegt viel daran, dass kein Hund im Tierheim landet, weil die Besitzer mit seiner Erziehung überfordert sind.

Der Anruf, mit dem ich eigentlich fest gerechnet hatte, kam nicht. Soll ich sagen: zu meiner Freude? Ich zögere, denn mir scheint nachträglich, ein paar weitere Gespräche hätten den frischgebackenen Border-Collie-Besitzern vielleicht doch gut getan. Allerdings – und das war nun wirklich zu meiner Freude – sah ich öfter an den Samstagen, an denen ich zufällig im Tierheim zu tun hatte, Familie Schwarz mit Yippie in der Welpen-Spielschule. Natürlich war Yippie der Star dieser Vormittage, denn gelehrig, wie er war, fielen ihm die einfachen Übungen, die die Welpen absolvieren, außerordentlich leicht. Dann verlor ich Familie Schwarz und Yippie aus den Augen, bis ich einmal mein Patenkind auf ein Schulfest begleitete. Auf dem Heimweg durch eine der gepflegten Siedlungsstraßen sahen wir einen Border-Collie-Junghund, der bemerkenswert unabhängig die Straße querte, noch weit vor unserem Fahrzeug, aber immerhin alleine. „Den kenne ich", sagte die Mutter meines Patenkindes. „Der läuft hier öfter frei rum. Gehört einem Arzt, Dr. Schwarz, und ist der Liebling der ganzen Siedlung." Beim Namen Schwarz wurde ich natürlich aufmerksam und eine Rückfrage ergab, dass es in der Tat niemand anderes war als Yippie, der Hund, dem ich so gern eine andere Familie gegönnt hätte. Ich berichtete nun meinerseits, dass ich Yippie schon kannte, als er noch ein Wunsch in den Köpfen der Familie war, und dass er jetzt brav in die Welpenschule gehe. „Merkt man aber nicht viel davon", meinte meine Freundin und mein Patenkind nickte altklug dazu.

Wieder vergaß ich Yippie über der Vielzahl anderer Hunde, deren Herrchen und Frauchen ich damals zu beraten hatte, bis eines späten Nachmittags im November mein Telefon klingelte. Zufällig hatte ich nicht den Anrufbeantworter geschaltet, sodass ich unmittelbar die bemüht ruhig klingende Stimme von Dr. Schwarz hörte: „Frau Petzina, Yippie ist weggelaufen, was können wir tun?" Schnell ließ ich mir schildern, wie Yippie abhandengekommen war: Seine Familie hatte eine Tankstelle an der A 40 aufgesucht und während Herr Schwarz zur Zapfsäule ging, blieb Frau Schwarz mit Yippie auf der anderen Seite des Zubringers stehen. In einem Augenblick der Unaufmerksamkeit zog Yippie seinem Frauchen die Leine aus der Hand und rannte in Richtung seines Herrchens. Ein Maschendrahtzaun sollte verhindern, dass jemand leichtfertig auf die Fahrbahn geriet, aber Yippie, der offenbar mehr an seinem Herrchen als an seinem Frauchen hing, hatte ganz schnell ein Loch im Zaun entdeckt und sich hindurchgezwängt, um zur Zapfsäule gegenüber zu kommen. In seinem Eifer und seiner völligen Unerfahrenheit – Yippie war damals noch keine sechs Monate alt – hatte er ein Auto übersehen, das in schnellem Tempo an die Tankstelle fuhr. Er wurde angefahren und in seinem Schrecken hatte er den Versuch abgebrochen, sein Herrchen zu erreichen. Jetzt rannte er auf dem Randstreifen der Autobahn davon.

Die A 40 ist bekanntlich die am stärksten befahrene deutsche Autobahn und ganz besonders hier bei uns in der Mitte des Ruhrgebietes bewegen sich die Autos, wenn sie nicht gerade im Stau stehen, fast Stoßstange an Stoßstange fort. Herr und Frau Schwarz hatten in diesem schrecklichen Augenblick das einzig Richtige getan: Sie hatten Yippie nicht gerufen. Hätten sie es getan und hätte er noch mal versucht, die Fahrbahn zu überqueren, wäre das wohl sein sicherer Tod gewesen. So waren sie bekümmert nach Hause gefahren und hatten mich angerufen.

Ich gab all die Ratschläge, die ich in solchen Fällen immer gebe: Polizei verständigen, Tierheime verständigen, in diesem Fall sogar mehrere, da Yippie im Grenzgebiet zwischen Bochum, Gelsenkirchen und Essen entlaufen war. Im gesamten Gebiet natürlich Zettel an die Bäume hängen – das war allerdings entlang der A 40 nicht möglich, schon weil es dort keine Bäume gibt. Dazu das häusliche Telefon nicht unbesetzt lassen, denn Yippie trug sein Halsband mit einer Telefonnummer daran, und dann eben hoffen und suchen. Das Suchen brachte wenig Erfolg, auch wenn Herr und Frau Schwarz mehrfach die Autobahn entlangfuhren. Immerhin gab es einen kleinen Lichtblick: Als die Eheleute bei der ersten Umkehr in Essen-Kray die Autobahn verließen und mehrere Passanten befragten, hörten sie, dass ein kleiner schwarzweißer Hund gesehen worden war. Er war scheu und ließ sich nicht einfangen, war aber offensichtlich einigermaßen gesund und schien zielstrebig zu laufen. Die völlige Dunkelheit des Novemberabends, dazu ein starker Wind und ein kräftiger Regen machten schließlich der Suche und auch der Hoffnung ein Ende. Ob sie sich gegenseitig oder ob die Kinder ihren Eltern Vorwürfe gemacht haben, als sie zu Hause um den Tisch herumsaßen, weiß ich nicht. Sicher weiß ich nur, dass dieser Abend der traurigste war, seit Yippie bei Familie Schwarz eingezogen war. Schließlich gingen sie alle bekümmert zu Bett. Herr Schwarz hatte angekündigt, dass er sehr früh aufstehen und noch vor der morgendlichen Stoßzeit eine Suchrunde fahren wolle. Und das tat er dann auch.

Die Jungen mussten an diesem Tag erst um zehn Uhr in der Schule sein und so saßen sie noch bekümmert am Frühstückstisch, als es schon hell war. Plötzlich ertönte von der Straße her eine Hupe. „Das ist Vater", sagte Kai, der Ältere. Er stand nicht auf, irgendwie hatte er das Gefühl, dass jetzt mit der Rückkehr des Vaters das letzte Fünkchen Hoffnung ausgelöscht würde. Doch auf einmal mischte sich

Hundegebell in das Geräusch eines zweiten Hupensignals. Die Jungen sprangen auf und stürmten zur Haustür. Auf dem Beifahrersitz, neben ihrem Vater, saß – was er sonst nicht durfte – Yippie, kläffte vergnügt und wedelte so heftig, dass sein Schwanz auf dem Autositz staubte. Herr Schwarz drehte das Fenster nur einen kleinen Spalt auf. „Haustür aufmachen und Wurst herholen!", rief er seinen Jungen zu. Selten hatten die beiden so flott gehorcht. Dann stieg er schnell aus dem Wagen, machte die Fahrertür zu und griff Yippies Leine durch einen schmalen Spalt auf der Beifahrerseite. „Yippie, hiiiiier", brüllten die beiden Jungen im Chor und schwenkten das riesige Stück Wurst, das sie aus dem Kühlschrank geholt hatten. Und Yippie flitzte, wie er es in der Welpenschule gelernt hatte, zu seinen beiden jungen „Herrchen", die sofort die Leine wieder aufnahmen, die Herr Schwarz hatte fallen lassen, Yippie mit vielen Wursthäppchen fütterten, ihn ins Haus führten und flink die Haustür zumachten.

War der gestrige Abend der traurigste im Zusammenleben von Familie Schwarz mit Yippie, so war diese Heimkehr sicherlich die fröhlichste, die es bisher gegeben hatte. Herr Schwarz griff sofort zum Telefon, um seiner Frau von der Freude zu berichten. Sie wollte schnell von der Arbeit heimkommen, aber er hielt sie davon ab. „Ich erzähle dir am Abend alles ganz genau und ausführlich. Bei mir ist es jetzt Zeit für die Praxis und die Jungen müssen allmählich in die Schule. Ich nehme Yippie in die Sprechstunde mit, melde ihn bei der Tierärztin an und die Jungen gehen gleich nach der Schule mit ihm hin."

Yippie war schon ein paar Mal mit in der Praxis gewesen. Dort hatte er ein bequemes Körbchen im Aktenraum, von wo aus er Dr. Schwarz im Sprechzimmer hören und sehen konnte, und immer wenn Patienten Yippie bemerkten, ging es ihnen gleich besser. Der Doktor fragte natürlich stets, ob jemand Angst vor Hunden habe, was beim Blick auf den freundlichen Junghund regelmäßig verneint wurde. Außerdem war Yippie an einem Haken hinter seinem Körbchen mit einer langen, bequemen, weichen Leine festgemacht, sodass er niemanden belästigen, aber auch nicht entwischen konnte. An diesem Morgen dachte er an nichts anderes als an Futter und Schlaf. Als Doktor Schwarz die Praxis für die Mittagspause schloss und nach Hause fuhr, rollte sich

Yippie ganz artig auf dem Rücksitz zusammen und schlief noch einmal ein. Kai und Thomas waren von der Schule zurück und hatten auch schon gegessen, sodass sie gleich zu einem Spaziergang aufbrechen und dann pünktlich zum verabredeten Termin beim Tierarzt sein konnten.

„Lasst ihn auf keinen Fall von der Leine", ermahnte Herr Schwarz seine Söhne, bevor sie sich auf den Weg machten.

In der Tierarztpraxis waren sie in der Tat die Ersten und Frau Dr. Weißberger konnte sich viel Zeit für sie nehmen. Kai und Thomas erzählten den Vorfall genauso, wie ihre Eltern ihn geschildert hatten, und die Ärztin schüttelte einige Male den Kopf. „Ich glaube, ihr wisst überhaupt nicht, wie viel Glück ihr hattet", sagte sie und dann machte sie den Jungen klar, dass Yippies Verhalten an der Tankstelle für einen Hütehund völlig normal war. „Hütehunde hassen es, wenn ‚die Herde' auseinanderläuft. Eure Mutter hätte die Leine schon doppelt festhalten und Yippie ablenken müssen, dann wäre er vielleicht nicht zu seinem Herrchen gerannt. Das müsst ihr euch auch für alle Spaziergänge merken. Aber nun lasst mal sehen, ob der kleine Kerl größeren Schaden genommen hat, als er mit dem Auto zusammenstieß." Sie untersuchte Yippie gründlich. „Nein, es scheint alles in Ordnung zu sein. Hier an der Schulter, da ist eine kleine Schwellung – ein Bluterguss, aber wirklich nichts Schlimmes. Und ihr sagt, er sei mit eurem Vater im Auto nach Hause gekommen?" Die Jungen nickten. „Das zeigt, dass er sehr starke Nerven hat. Manche Hunde hätten nach so einem Erlebnis solche Angst vor Autos gehabt, dass sie kaum noch in eines eingestiegen wären. Ihr habt auch da sehr viel Glück gehabt. Ab jetzt passt ihr doppelt auf ihn auf." Kai und Thomas nickten lebhaft. „Aber bitte, sagen Sie, Frau Doktor, wie konnte Yippie zur Tankstelle zurückfinden? Vater hat uns erzählt, dass er neben der Zapfsäule saß, genau wo er Vater zuletzt gesehen hatte", fragte Thomas, und Kai fügte hinzu: „Ich habe mal was von Tiertelepathie gelesen, sicher hat er auf telepathischem Weg herausgefunden, wo er hinlaufen musste, denn wir haben doch alle so sehr an ihn und an die Tankstelle gedacht."

Die Tierärztin lächelte. „Das ist nicht völlig auszuschließen, aber ich glaube, es gibt eine andere Erklärung. Ich kann euch das noch schnell erzählen, bevor die Sprechstunde beginnt."

„Bestimmt hat er sich den Weg zurück erschnuppert", meinte Thomas, aber Kai wehrte ab. „Das ist ganz ausgeschlossen, denk doch nur: Es regnete in Strömen, dazu der Wind und der Gestank der vielen Autos – nein, eine Nasenarbeit scheidet aus. Und schließlich: Wie hätte er wissen können, wie eine Tankstelle riecht ...?" Thomas nickte, das alles sah er ein.

„Nein, Nasenarbeit war es nicht", bestätigte auch die Tierärztin. „Es war vielmehr die Landkarte im Kopf", und dann erklärte sie den Jungen die Fähigkeit verschiedener Tierarten, von beliebigen Stellen aus zum Startpunkt eines Jagdzuges oder sonstigen Weges zurückzukehren. Kai und Thomas verstanden das alles, aber als sie am späteren Nachmittag versuchten, ihrer Mutter wiederzugeben, was Frau Weißberger ihnen erklärt hatte, konnten sie die Einzelheiten doch nicht mehr in den richtigen Zusammenhang bringen, und so rief Frau Schwarz am Abend die Tierärztin an. Nach einer höflichen Frage, ob sie so spät noch stören dürfe, hörte sie einen langen und spannenden Vortrag über die Orientierungsfähigkeiten verschiedenster Tiere und vor allem der Hunde: Hunde und ihre wilden Vorfahren, die Wölfe, können auf ihren Jagdzügen sehr weit von ihrer Höhle weglaufen und jagen und trotzdem immer auf dem schnellsten Weg nach Hause finden. Sie müssen nicht den ganzen Weg zurücklaufen, den sie auf dem Hinweg genommen haben, vielmehr scheint es so, als hätten sie eine Landkarte ihres Streifbereichs im Kopf, könnten von jedem Punkt aus den kürzesten Weg zum Ausgangspunkt „berechnen" und ihn dann auch wählen. Freilich ist das in der Wildnis leichter als in Städten, wo Häuserzeilen unüberwindliche Hindernisse und Straßen voller Gefahren sind. Trotzdem gelingt es auch in der Stadt entlaufenen Hunden bisweilen, ihren Heimweg selbstständig zu finden, allerdings müssen sie dabei sehr viel Glück haben, damit sie nicht überfahren werden. Hütehunde besitzen die Fähigkeit des Zurückfindens in besonders hohem Maß, weil sie oft in weiter Entfernung vom Schäfer agieren müssen. „Allerdings sollten Sie sich nicht darauf verlassen, dass Yippie immer zurückkommt", schloss die Tierärztin ihre Erklärung. „Nein, nein, wir passen jetzt oberdoppelgut auf ihn auf", meinte Frau Schwarz. „Und wenn es auch gar nichts Übernatürliches ist, so grenzt es für uns doch schon fast an ein Wunder, dass Yippie als junger Hund es geschafft hat zurückzufinden."

Frau Weißberger verkniff sich die Bemerkung: Eben typisch Border Collie. Sie wollte den gefährlichen Ruhm der Rasse nicht noch verstärken. So verabschiedeten sich die beiden Damen, dankbar und glücklich darüber, dass ein gefährliches Abenteuer einen so guten Ausgang genommen hatte. Und ich war dankbar, dass Herr Dr. Schwarz mich am gleichen Abend noch einmal anrief, um die Freude der Familie mit mir zu teilen.

Die Cocker Hündin Anja

Helden haben nasse Füße

Simone Kunde

Hinein ins Gedränge. Wieder hatte ich Probleme, am Ende der vielen Hundekörper die Tür zu erreichen, vor der sie sich versammelt hatten, um nach draußen zu gelangen. Ich ließ mich – wie schon so oft – nach vorn fallen, mit der ausgestreckten Hand auf den Türgriff zu. Geschafft. Langsam drückte ich die Klinke hinunter und zog die Tür vorsichtig auf. Ohrenbetäubender Lärm erfüllte den kleinen Flur. Dann schossen sie hinaus ins Freie. Mit ihnen die Geräuschkulisse. Es waren fünf Hunde, Bologneser Mama Amrei mit ihren drei Halbstarken und Cocker Spaniel Anja. Sie alle trieb es in die Natur. Heute schien endlich mal wieder die Sonne.

Menschen sind langsam. Als ich mit meiner dicken Jacke aus der Tür trat, erwartete Anja mich bereits. Hoffnungsvoll schaute sie mich mit ihren dunkelbraunen treuen Augen an. Cocker haben einen etwas traurigen Blick, was wahrscheinlich an den langen schweren Ohren liegt, die wie Zöpfe ihr Gesicht umrahmen. Ich fühlte mich ertappt und irgendwie schuldig. War ich es doch, die zu den Hunden gesagt hatte: „Jetzt fahren wir los." Anja war sicher, dass dieses „Jetzt" sofort hätte beginnen müssen. Doch ich hatte sie warten lassen, wenn auch nur wenige Minuten. Der Blick eines Cockers öffnet das Herz und lässt einem jeden Egoismus bedauern. Anja lief voraus zum Auto, ihrem Auto. Freudig wedelte der Schwanz mit dem Hund. Ich kenne sonst keine Hunderasse, die solch eine Wedel-Technik beherrscht. Ähnlich einer Laolawelle zieht sich das Wedeln von der Schwanzspitze zur Hundenase.

Alle Hunde saßen auf ihren Plätzen. Es konnte losgehen. Das Frühjahres-Hochwasser hatte sich ins Flussbett zurückgezogen. Deshalb waren die Auen unser Ziel. Hierher kamen nur wenige Menschen. Das war ideal für einen Spaziergang mit einer Hundemeute. Während die Halbstarken ihrer Mutter zeigten, wie schwierig es ist, einen Sack Flöhe zu hüten, war Anja eine Wildfährte in die Nase gestiegen. Jagdhundtypisch ertönte das regelmäßige „Klack"-Geräusch beim Schnüffeln. Ein langer Spaziergang war nicht geplant. Dieser Ausflug diente einzig und allein dem Herumtoben. Aber ein kleines Stück wollten mein Freund und ich schon noch gehen. Nichts hielt unsere Hunde auf, sie waren in ihrem Element.

Die Wiese, nicht ganz eben, ließ die Aue in kleinen Geländewellen erscheinen. Hui, machte das den Halbstarken Spaß, über die kleinen Erhebungen hinwegzutollen. Gerade verschwanden sie hinter dem nächsten Wellenkamm, als wir ein lautes Platschen vernahmen. Wir rannten los und sahen einen See, den das Hochwasser zurückgelassen hatte. Seine Ränder boten keinen Abfluss und die Erde hatte noch nicht die Möglichkeit, große Wassermengen aufzunehmen. Amrei stand am Ufer. Die Hundemutter weinte und schrie. Mit flehendem Blick schaute sie zu uns. Ihren kleinen Sohn neben sich, tapste sie unruhig hin und her. Doch wir sahen die beiden kleinen Hündinnen. Sie befanden sich im eisigen Nass und paddelten wild um ihr Leben. Ihr weiches dickes Fell saugte sich voll mit Flüssigkeit. Wir mussten uns beeilen, bevor die Kleinen auskühlten oder ertranken. Lange konnten sie sich nicht mehr halten. Dessen waren wir uns sicher.

Wir liefen, als ginge es um unser Leben. Plötzlich schoss ein schwarzer Blitz an uns vorbei und stürzte sich in die Fluten. Anja. Sie wollte den Hundekindern helfen und war, ohne zu zögern, in das eisige Wasser gesprungen. Schon hatte sie einen der Welpen erreicht. Sie stupste das Tier mit der Schnauze an, um es ans Ufer zu bringen. Wieder und wieder startete sie einen neuen Versuch. Es gelang ihr nicht. Die Kälte tat das Übrige. Doch inzwischen stand Herrchen im Wasser. Mit einem Griff zog er die beiden Hundekinder aus der eisigen Gefahr. Eilig stopfte ich mir die Kleinen in die dicke Jacke. Herrchen hatte Anja gegriffen und im Eiltempo liefen wir zurück zum Auto.

Die kleinen Abenteurer und ihre Retterin packten wir in dicke Decken und fuhren nach Hause. Dort gab es für alle Hunde eine große Wurst, und für unsere Heldin sogar zwei. Anja schaute mich mit ihren treuen, aber traurigen Augen vorwurfsvoll an. Sie schienen zu sagen: „Ist das alles, dieses bisschen Wurst?" Ich wusste, dass Cocker einen unbändigen Appetit haben. Doch sie hatte mir an diesem Tag gezeigt, was ich so sehr an diesen Hunden liebe. Es war ihre intelligente, zuverlässige und furchtlose Art, ihr temperamentvolles und anhängliches Wesen sowie die Treue und Liebe ihrer Familie gegenüber. Ich ließ mich nicht lang bitten und gab ihr noch ein Stück Wurst mehr, was sie mir mit einer Laolawelle dankte.

Lassie
oder: Wie heißt diese Rasse noch gleich???

Elke Parker

Sarah Rewald war für ihre elf Jahre nicht nur zu klein geraten, sondern zu allem Unglück auch noch dick. Weder pummelig noch mollig, nein, wirklich dick. Kinder sind untereinander grausam ehrlich, da war es kein Wunder, dass Sarah jeden Tag von ihren Mitschülern gehänselt wurde. Am schlimmsten gestalteten sich die wöchentlichen Sportstunden für das kleine Mädchen. Aufgrund ihrer Körperfülle hatte Sarah ohnehin schon Riesenprobleme, die geforderten Leistungen zu erbringen, und hinzu kam die Scham, sich, nur mit einer Sporthose und einem T-Shirt bekleidet, den anderen zeigen zu müssen. In der Umkleidekabine gab es dann auch prompt immer lautes Gelächter und Gegröle. Noch auf dem Nachhauseweg hallten dem Kind die gesungenen Spottreime der Klassenkameraden in den Ohren. Tränen kullerten Sarah über die Wangen und sie wollte nur noch heim, ganz schnell, sich am liebsten in einem Erdloch verkriechen und nie wieder herauskommen.

Dabei hatte Sarah durchaus ein hübsches Gesicht, dessen Mittelpunkt ihre wunderschönen dunkelbraunen Augen bildeten. Widerspenstige, brünette Locken kringelten sich bis auf die Schultern. Doch all das wurde angesichts ihrer unförmigen Figur überhaupt nicht wahrgenommen. Zu Hause führte der erste Weg die Elfjährige zum reichhaltig gefüllten Kühlschrank. Sarahs Mutter arbeitete bis spät in den Nachmittag, der Vater, ein Fernfahrer, verbrachte oft nur jedes zweite oder dritte Wochenende daheim. Ein gemeinsames Frühstück, Mittag- oder Abendessen war bei den Rewalds fast so selten wie Weihnachten. Sarahs Mutter plagte oft genug das schlechte Gewissen, aber da die Familie auf ihren Hinzuverdienst angewiesen war, wollte sie ihrer Tochter wenigstens all das gönnen, was ihr richtig schmeckte. So türmten sich Pizzas zum Aufwärmen neben fertigem Kartoffel- und Nudelsalat, Hotdogs, Fast-Food-Burgern, Vanillepuddingbechern und jeder Menge Schokolade. Obst und Joghurts dagegen suchte man genauso vergeblich wie Mineralwasser. Stattdessen standen etliche stark zuckerhaltige Limonaden zur freien Auswahl. Sarah bediente sich, nahm den gut gefüllten Teller samt einem Glas Cola mit ins Wohnzimmer, schaltete den Fernseher ein, stellte ihn so laut, als sei sie schwerhörig, und versuchte auf diese Weise, die Spottreime der anderen Kinder zu vergessen. Ganz nebenbei aß sie sich quer durch eine eigenwillige Zusammenstellung aus Nudelsalat mit Frikadelle, mehreren Hotdogs und zwei Bechern Pudding. Zum krönenden Abschluss gönnte sie sich noch einen der frisch gekauften Donuts. So verbrachte sie mehrere Stunden mit Essen, Fernsehen und natürlich der Erledigung ihrer Hausaufgaben. Sarah war eine gute Schülerin, wären da nur nicht diese Sportstunden … Sarahs Mutter kam meist recht müde von der Arbeit, ließ es sich aber nicht nehmen, Gespräche mit ihrer Tochter zu führen. Immer fragte sie: „Na, wie war dein Tag, Kind? Erzähl doch mal, war alles okay in der Schule? Hast du mit den anderen was unternommen?" Keine Ahnung, nicht die leiseste, hatte sie, wie es Sarah in der Schule erging. Nie hatte sich ihre Tochter beschwert, nie ihre Traurigkeit offen herausgelassen. Das Mädchen wollte ihre Mutter nicht mit solchen Problemen belasten. „Ja, es war alles okay, Mum, ich hatte einen echt tollen Tag!"

Solch ein Teufelskreis machte eine Gewichtsabnahme einfach unmöglich. All das wäre wohl noch Jahre so weitergegangen, wenn da nicht eines Tages auf dem Nachhauseweg von der Schule dieser Hund hinter einem Gartenzaun gestanden hätte. Sarah war, wie so oft, in trübsinnige Gedanken vertieft, hatte sich von den Mitschülern wieder einiges anhören müssen, und die Tränen liefen ihr wieder über das hübsche, leider viel zu pausbäckige Gesicht. Sie bemerkte den vierbeinigen Beobachter überhaupt nicht, dabei war er bildschön, und das war noch untertrieben. Dicht neben Sarah, nur durch diesen Gartenzaun getrennt, stand ein Traum von Collie. Aufmerksam verfolgten die dunklen, weisen Augen des Tieres das Mädchen. Die Ohren des schottischen Schäferhundes waren hoch aufgestellt, damit ihm bloß nichts entging. Fast schon hätte man das Verhalten als Fixieren bezeichnen können, so angespannt war der Collie. Er agierte wie bei der Hütearbeit und es schien, als hätte er in Sarah soeben ein Schaf und somit eine neue Aufgabe erblickt. Das Mädchen hingegen blieb weiter in sich und seine Gedankenwelt versunken. Dem Schafshüter auf der anderen Seite des Jägerzaunes wurde es bald zu bunt. Wie konnte man ihn so ignorieren! Jeder nahm ihn doch immer gleich wahr! Stets erntete er begeisterte Rufe der Passanten, egal ob von Kindern oder Erwachsenen: „Oooooch, schaut mal, eine Lassie!!! Ist die schööööön!" Der Gartencollie hieß im wirklichen Leben Sky und sein Frauchen reagierte immer noch etwas ärgerlich, wenn die Lassie-Rufe laut wurden. Frei nach dem Motto „Niemand soll dumm sterben" korrigierte sie fast täglich: Die korrekte Rassebezeichnung sei Collie oder auch schottischer Schäferhund. Lassie wäre nur der Name eines Filmhundes, der an der Seite der damals noch blutjungen Liz Taylor zu unvergessenem Ruhm gelangte, dann in späteren Jahren zum Serienstar aufstieg und 1960 sogar einen Stern auf dem berühmten Walk of Fame in Hollywood erhielt.

Sky war das alles egal. Im Gegenteil, sein Aussehen verhalf ihm zu einem hohen Maß an Aufmerksamkeit, Bewunderung, Streicheleinheiten und auch zu dem einen oder anderen Leckerchen, also war sie doch okay, die Lassie-Nummer. Dass das Frauchen immer gleich so neunmalklug daherkommen musste … Momentan verblüffte und irritierte es den Rüden jedoch sehr, dass dieses Mädchen ihn überhaupt nicht wahrzunehmen schien. Sky war ein Collie par excellence. Diese sensiblen schottischen Fellnasen fühlen sich für alles verantwortlich, sie besitzen einen natürlichen Hütetrieb und wollen sich ständig „kümmern". Sie sind relativ leicht erziehbar, vorausgesetzt man berücksichtigt, dass sie Hunde der leisen Töne sind und ein unangemessenes Erheben der Stimme nichts als Starrsinn, Scheu oder Verunsicherung hervorruft. Kurz: Collies muss man einfach lieben, schon alleine deshalb, weil sie selbst auch alles um sich herum lieben. Feinfühlig, wie sie sind, spüren sie schnell, wenn irgendetwas mit ihrem Menschen nicht stimmt oder wenn er traurig ist.

Sky waren Sarahs Tränen und ihre Bedrücktheit nicht entgangen. Er lief unruhig neben ihr am Gartenzaun entlang, dabei blieb er exakt auf gleicher Höhe mit ihr und begann letztendlich ein ziemlich zirkusreifes Programm zu veranstalten. Er sprang auf und ab, als hechtete er einer Frisbee-Scheibe hinterher, kugelte sich rollend ein Stück im Gras und überwand am Ende seiner Show durch einen eleganten Weitsprung den Gartenzaun, um direkt vor Sarahs Füßen zu landen. Sofort nahm er eine Sitzposition wie in einem Bilderbuch ein. Seine Zunge seitlich aus dem rechten Maulwinkel hängend, die Ohren immer noch

aufmerksam hochgestellt, den klugen und warmen Blick zielgerichtet
dem Mädchen zugewandt, schien es, als würde er lachen. „Hier bin
ich, und jetzt musst du mich einfach zur Kenntnis nehmen!" Hätte er
sprechen können, wären das wohl seine Worte gewesen. Sarah zuckte
zusammen. Sie stolperte fast über den Hund, der anscheinend soeben
vom Himmel gefallen war. Im ersten Moment war sie fast zu Tode
erschrocken, fing sich aber erstaunlich schnell wieder. Grundsätzlich
hatte Sarah keine Angst vor Hunden, ganz im Gegenteil, sie mochte
Tiere und einen eigenen Hund wünschte sie sich ohnehin schon lange.
„Wo kommst denn du her? Du bist ja ein toller Kerl, aber bestimmt
irgendwo weggelaufen. Das darf man nicht. Dein Herrchen oder Frauchen macht sich sicher schon große Sorgen." Sarah redete ruhig und
leise mit Sky. Dann bemerkte sie die Metallmarke an seinem Halsband. Langsam bewegte sie ihre Hand in Richtung der dicken, weißen
Halskrause des Collies, kraulte ihn und ergriff die runde Plakette. Sky
genoss derweil die Krauleinheiten. Sarah las seine Anschrift und seinen
Namen auf dem Halsbandanhänger.

„Sky also, und einfach über den Zaun gesprungen …, na wenigstens
bist du nicht weggelaufen, das ist ja dein Garten!" Kluges Kind, schien
Sky zu denken, legte den Kopf leicht schief und verwandelte sein Lächeln in ein breites Grinsen. „Du musst wieder zurück, Sky. Hopp über
den Zaun, hast es doch gerade eben auch geschafft, also mach schon,
hoppa!" Sie deutete mit einer weit ausholenden Armbewegung dem
Collie den Rückweg an. Der hingegen hatte nichts Besseres zu tun, als
umgehend seine rechte Vorderpfote zu heben, aufzustehen und müh-
sam einige Schritte humpelnd auf drei Beinen zurückzulegen. „Hast du
dich verletzt? Armer Kerl, lass mal sehen." Er reichte ihr die Pfote und
Sarah prüfte sanft tastend, ob ein Steinchen zwischen die Pfotenballen
geraten war, begann eine leichte Massage und stellte anschließend den
Vorderlauf des Hundes zurück auf den Boden. „Sieht doch alles okay
aus, nun spring schon, Sky, ich muss nach Hause." Der Hund hörte
nicht auf Sarah, sondern zeigte im nächsten Moment unaufgefordert
eine weitere Übung aus seinem schier unerschöpflichen Repertoire
an Tricks und Kunststücken. Aus dem Stand fiel er auf den Boden,
positionierte sich blitzschnell auf die linke Seite und hielt sich mit

der Vorderpfote sein rechtes Auge zu. Frauchen nannte diese Übung „Gute Nacht, Sky". Sarah musste lachen. Was für ein verrückter Hund! Sie hockte sich neben ihn, nahm ihm die Pfote vom Auge und kraulte seine Lefzen. Sky schaute zwinkernd auf: Na bitte, geht doch! Nun galt es, Sarah dazu zu bewegen, vor ihm über den Zaun zu kraxeln. Dann musste er die restliche Zeit, bis sein Frauchen nach Hause kam, nicht alleine verbringen. Das Mädchen stand auf und redete erneut auf den Hund ein: "Sky, vielleicht sehen wir uns ja morgen wieder, aber jetzt ab in den Garten!" Sie machte abermals eine ausholende Armbewegung. Sky schaute ihr zu, als verstände er die Welt nicht mehr und schon gar nicht dieses Kommando. Endlich tat Sarah, was der schlaue Collie von ihr wollte. „Okay, dann mache ich dir das jetzt vor und klettere selbst hinüber. Aber wehe, du kommst dann nicht nach, mein Freund!" Eine leichte Drohung andeutend, hob das Mädchen den Zeigefinger und machte sich tatsächlich daran, über den Zaun zu steigen. „Als ob nicht drei Stunden Sport in der Woche Quälerei genug sind", fluchte Sarah leise vor sich hin, schaffte es dann aber doch, zu guter Letzt schwitzend im Garten des Collies zu stehen. Sky wartete, bis Sarah die sportliche Übung mit Erfolg gemeistert hatte, und flog Sekunden später mit einem gewaltigen Satz elegant über den Zaun. „Warum nicht gleich so? Musste ich dir das jetzt wirklich erst vormachen? Dann sag ich mal: Bis morgen. Ich geh jetzt, und bleib bloß, wo du bist!" Noch ehe Sarah das Bein erneut angehoben hatte, rannte Sky los und kehrte mit einem Tennisball im Maul zurück. Auffordernd ließ er ihn direkt vor Sarahs Füße kullern und begleitete diese Aktion mit einem fröhlichen Spielgebell. „Och nööö, ich hab dir doch gesagt, dass ich jetzt gehen muss. Gegessen hab ich auch noch nichts, und dann muss ich noch die Hausaufgaben erledigen." Der Collie schien solche Entschuldigungen für Ausreden zu halten und beharrte darauf, dass der Tennisball nun endlich durch die Luft flog. Da der Hund mit seiner heiteren Art und seinem Spieltrieb irgendwie ansteckend wirkte, ließ Sarah sich schließlich auf das Spiel ein und beide tollten ausgelassen durch den Garten. Sky fing fast jeden Ball auf. Unermüdlich brachte er das Spielzeug ein ums andere Mal zurück, bis Sarah, in Schweiß gebadet und ziemlich außer Puste, sich auf den Rasen setzte.

Sky kuschelte sich neben sie und legte dabei den Kopf sanft auf ihr Bein. Mit seiner langen Nase stupste er die Hand des Mädchens an. Sarah verstand diese Geste nur zu gut und kraulte das weiche Fell des Hundes. Ein Gefühl von Wärme, Nähe und Geborgenheit durchströmte sie. Ein sehr schönes Gefühl war das, ganz anders, als wenn sie nachmittags vor dem Fernseher saß und die vielen Lebensmittel in sich hineinstopfte. Sky atmete ruhig und gleichmäßig vor sich hin. Er war eingeschlafen. So verweilten die beiden eine recht lange Zeit. Als Sky aufwachte und sich nach ausgiebigem Recken und Strecken zum nächsten Wasserbehälter trollte, nahm Sarah die Gelegenheit wahr, um sich für heute endgültig von dem neu gewonnen Freund zu verabschieden. Es war spät geworden. Sie würde gerade noch die Hausaufgaben schaffen, und dann käme auch schon ihre Mutter nach Hause. „Tschüss, Sky, mach's gut. Vielleicht bis morgen, aber nicht weglaufen, und auch nicht wieder über den Zaun springen, hörst du?" Sky setzte ein Gesicht auf, als wollte er sagen „Jawohl Chefin" und blieb artig auf dem Rasen liegen. Gleich würde sein Frauchen kommen, es war heute überhaupt nicht langweilig gewesen.

Sarah lief mit schnellen Schritten heimwärts, da die Zwischenepisode mit dem Collie über zwei Stunden Zeit in Anspruch genommen hatte. An diesem Tag fiel der Gang zum Kühlschrank flach und der Fernseher blieb aus. So sollte es auch an den darauffolgenden Nachmittagen der nächsten Wochen sein. Sarah wurde gelenkiger und schaffte den Kletterakt über den Gartenzaun jedes Mal ein bisschen schneller. Sky wartete bereits mit seinem Tennisball und nach dem gemeinschaftlichen Spiel fehlten an keinem Tag die Kuscheleinheiten im Rasen. An einem dieser Tage hatte Sky offenbar bemerkt, dass Sarah Hunger hatte, zumindest hätte man das aus der Tatsache schließen können, dass das kluge Tier mit einem Apfel im Maul vor ihr stand. Das Mädchen lehnte dankend ab: „Ach Sky, lass mal, ich mag Äpfel nicht so gerne." Doch Sky gab nicht auf und irgendwann ließ Sarah sich zu einer Kostprobe hinreißen. Sie wusch den Apfel in der Tonne mit dem frischen Regenwasser gut ab und biss herzhaft in das rotwangige Stück Obst. Zu ihrem Erstaunen schmeckte es und sie verzehrte gleich noch ein „Diebesgut". Sky zeigte ihr beim

Gang durch den großen Garten weitere Erlesenheiten wie Himbeeren, Brombeeren und Birnen. In der Schule wurden Sarahs sportliche Leistungen allmählich besser und ihre Fortschritte sowohl von den Lehrern als auch ihren Mitschülern durchaus registriert. Ein zusätzlicher positiver Nebeneffekt war, dass Sarah Pfund um Pfund in den letzten Wochen verloren hatte. Kein Wunder, denn anstatt sich wie früher mit einem Teller voller Fast Food vor den Fernseher zu hocken, tobte sie nun täglich mit Sky durch den Garten. Ihre Mutter sah die Veränderungen, zog allerdings die falschen Schlüsse daraus. Sie war der Ansicht, dass wohl die erste große Liebe gekommen sein musste, denn da fingen die jungen Mädchen irgendwann alle an, sich mehr um ihr Äußeres und vor allem um ihre Figur zu kümmern. Dass diese erste große Liebe den Namen Sky trug und auf vier Pfoten daherkam, ahnte niemand. Doch nach einigen Wochen kam es, wie es kommen musste. Sarah tobte gerade wieder ausgelassen mit Sky durch den Garten, als plötzlich eine junge Frau vor ihnen stand. Der Collie unterbrach das Spiel mit Sarah, um Karin, sein in Jeans, T-Shirt und Turnschuhen gekleidetes Frauchen freudig und stürmisch zu begrüßen. Sarah begann sofort und ungefragt ihre Erklärungen. Sie gab den Diebstahl der Äpfel zu, erzählte, wie sie Sky kennengelernt hatte, und beichtete, dass sie nun schon seit einigen Wochen nach der Schule mit dem Collie spiele. Karins Gesichtszüge entspannten sich mehr und mehr. Sie hörte den Schilderungen des Mädchens zu, ihre Mundwinkel begannen zu zucken und das leichte Schmunzeln wurde schließlich zu einem sympathischen breiten Lachen.

„Sky hat mir kein Sterbenswörtchen erzählt", grinste sie. Dann fuhr sie fort: „Weißt du, dass du dich so mit meinem Hund beschäftigt hast, finde ich toll. Manchmal habe ich mich gewundert, dass er abends müde, ruhig und ausgeglichen unter meinem Schreibtisch lag, obwohl ich ihn so viele Stunden alleine gelassen hatte. Es ging leider nicht anders in der letzten Zeit. Eine Arbeitskollegin ist nun schon etliche Wochen krank, das bedeutete für mich, einiges an Überstunden ableisten zu müssen. Zum Glück ist nun eine Aushilfe eingestellt, aber wenn du mit Sky vielleicht weiterhin ein Mal in der Woche ..."

Sarahs Blick wurde traurig. Sie schaute auf Karin und dann auf ihren vierbeinigen Freund.

„Ein Mal in der Woche?"

„Ja, aber nur wenn du die Zeit hast und es dir nicht zu viel wird. Bezahlen würde ich dir auch etwas, als kleine Taschengeldaufbesserung." „Er freut sich jeden Tag so auf mich – und ich mich auch auf ihn! Ich nehme doch kein Geld dafür, dass ich mit ihm spiele." Dann gab sie sich einen Ruck und traute sich zu fragen: "Kann ich auch öfter kommen?"

„Aber sicher!", lachte Karin. Sie nahm Sarah in den Arm und drückte sie leicht an sich. „Wann immer du willst, ihr seid wohl richtige Freunde geworden, nicht wahr?"

Das Mädchen nickte. Sie setzten sich ins Gras und Karin erzählte Sarah von Sky. Er sei vor zwei Jahren als Notfall zu ihr gekommen. Sie hätte auf einer Tierschutzseite im Internet den dringenden Aufruf gelesen, einem armen Collie, der in Spanien in der Tötungsstation abgegeben worden war, vorübergehend einen Pflegeplatz zu geben, und sich sofort gemeldet. Von da an wäre Sky immer bei ihr gewesen. Sie hätte sich nicht mehr von ihm trennen können, obwohl er eigentlich zu dem Zeitpunkt gar nicht in ihr Leben passte. Viel Arbeit und zwei Umzüge machten es nicht immer leicht, dem Collie gerecht zu werden. Im nächsten Jahr sei ein mehrmonatiger Auslandsaufenthalt geplant, wohin solle sie dann mit Sky?

Sarah schaute Karin an: „Na, zu mir." Karin lächelte über so viel Enthusiasmus, merkte aber sofort, dass es dem Mädchen durchaus ernst war. Am selben Abend erzählte Sarah ihrer Mutter, was geschehen war. Die Mutter gab nach längerem Drängen ihrer Tochter die Erlaubnis, Sky in Karins Abwesenheit aufnehmen zu dürfen. Die beiden Frauen lernten sich ein paar Tage später bei Kaffee und Kuchen kennen. Auch Sarahs Mutter erlag dem Colliecharme, dem sich wohl kaum einer so leicht entziehen kann. Sarah und Sky blieben Freunde fürs Leben, und selbst als die zu einer hübschen, jungen Frau herangereifte Sarah ihr Studium in einer anderen Stadt aufnahm, ließ sie es sich nie nehmen, Sky zu besuchen, wann immer es ging. Sky war mittlerweile alt geworden. Die Hinterläufe waren steif und seine Lefzen umspielte ein weise ausschauendes Altersgrau. Bis zuletzt bezauberte er durch sein Wesen, seine immer freundliche Ausstrahlung und seinen Charakter. Drei Tage vor Weihnachten bekam Sarah einen Anruf von Karin: „Willst du ihn noch mal sehen? Es geht zu Ende mit ihm. Er hat keine Kraft mehr. Ich denke, wir sollten ihm weiteres Leid ersparen. Er hat es einfach nicht verdient, noch mehr Schmerzen aushalten zu müssen." „Ich bin schon auf dem Weg, Karin. Wir gehen zusammen zum Tierarzt. Sky soll uns beide bis zuletzt riechen, fühlen und um sich haben dürfen."

Sie fuhr die weite Strecke, ohne eine Pause zu machen. Noch am selben Tag wurde Sky erlöst und ging über die Regenbogenbrücke. Sarah weinte um ihren Freund, doch sie hatte ihn noch einmal sehen, streicheln und halten können. Er hatte es wohl gespürt, denn sein Abschiedsblick war voller Dankbarkeit. Ein letztes Mal ließ er die Zunge seitlich aus dem Maul hängen und das Grinsen des jungen Hundes von einst blitzte auf. Später traten in Sarahs Leben immer wieder Collies, die auf irgendeine Art und Weise in Not geraten waren. Sky jedoch vergaß sie nie, ganz im Gegenteil, er war und blieb der Urvater all seiner Nachfolger. Durch ihn war Sarah „auf den Collie" gekommen. Danke, Sky! – FÜR ALLES.

Der Dackel Felix

Nie mehr Langeweile

Ute Dissemond

Jenny ist mit ihrem Freund Patrik und ihrem Hund Felix unterwegs. Schon den ganzen Spaziergang lang läuft Felix brav neben Jenny her. Mal ist er ein Stück voraus, mal hängt er ein Stück zurück, weil er noch irgendeine für Menschen unsichtbare Wichtigkeit am Wegesrand entdeckt hat und diese noch gründlich inspizieren muss. Dabei lässt er sich natürlich von nichts und niemandem stören. Danach setzt er brav seinen Weg fort, wie es sich für einen gut erzogenen Hund gehört.

Doch gerade als sie den Waldrand erreichen, rennt Felix plötzlich laut bellend los und ist in Nullkommanichts im Unterholz verschwunden.

„Oh nein, nicht schon wieder!", ruft Jenny.

„Macht er das etwa öfter?"

„Na ja, manchmal, es steckt eben immer noch ein richtiger Jagdhund in ihm. Lange bevor Dackel als Familienhunde beliebt wurden, hat man diese Rasse für die spurlaute Jagd auf Fuchs, Dachs und Kaninchen gezüchtet."

„Kannst du das auch für einen Laien wie mich verständlich erklären?"

„Aber sicher doch, Spurlaut jagen bedeutet nichts anderes, als dass der Hund mit lautem Gebell losrennt, sobald er Witterung aufgenommen hat. Das kann wiederum durch Duftmerkmale, aber auch durch Spuren, also Fußabdrücke, z. B. von Kaninchen, geschehen. Dieses Bellen, der Spurlaut, unterscheidet sich vom normalen Bellen deutlich. Es klingt irgendwie höher und ist manchmal auch mit Jaul- und Heullauten vermischt. Der Spurlaut ist zudem eine angeborene Eigenschaft. Für den Menschen kann das schon mal praktisch sein, denn so weiß ich immer noch, zumindest ungefähr, wo sich Felix aufhält, auch wenn er außer Sicht ist."

„Und wozu soll das gut sein? Damit ist seine potenzielle Beute doch gleich gewarnt und bringt sich in Sicherheit."

„Ja, genau das denkt die Beute auch, aber diese hat dann die Rechnung ohne den Dackel gemacht, denn der folgt seinem Opfer in den Bau hinein und liefert sich dort, wenn es sein muss, auch schon mal einen Kampf mit einem körperlich überlegenen Gegner."

„Hast du denn keine Angst um deinen Felix, wenn er, so wie gerade eben, davonstürmt?"

„Nicht wirklich, denn meinem kurzläufigen Krummbein kann ich leicht folgen und ich weiß außerdem, dass dort hinten nur ein Kaninchenbau ist, in den er nicht hinein kann. Er wird, wie schon so oft, knurrend, bellend und buddelnd davor stehen und ich werde ihn zum Weitergehen überlisten müssen."

„Wie kannst du dir da nur so sicher sein?"

„Na, weil man die Dackel nicht nach Körperhöhe, sondern je nach Brustumfang in Normal-, Zwerg- und Kaninchendackel einteilt. Mein Felix gehört zu den heutzutage seltenen Normaldackeln und deshalb weiß ich, dass er in einen Kaninchenbau nicht hineinpasst. Komm mit, du wirst schon sehen."

Als die beiden Felix' Bellen folgen, finden sie ihn tatsächlich grabend vor dem besagten Kaninchenbau vor. Jenny nimmt ihn an die Leine und versucht, ihn von dem Bau wegzuziehen. Aber so einfach ist das nicht, denn Felix stemmt sich mit aller Kraft dagegen und versucht, sich sein Halsband abzustreifen.

„Warum benutzt du eigentlich kein Brustgeschirr? Ich habe gehört, dass das viel hundefreundlicher sein soll."

„Ja, wenn er stark an der Leine ziehen würde, dann hättest du vielleicht recht, aber bei Felix halte ich das einfach für zu gefährlich. Nur allzu leicht könnte er sich damit im Gestrüpp verfangen und sich verletzten. Denk doch nur, wie gering sein Bodenabstand ist und wie viele Brombeerranken über den Boden wuchern und Äste im Unterholz liegen."

Patrik will Jenny helfen, den knurrenden Hund vom Bau wegzuzerren, und greift dabei unbedacht nach dem Dackel. Jenny kann gerade noch ein lautes „Nein" rufen. Felix und Patrik schauen sie verdutzt an. Keiner der beiden weiß, wer denn nun eigentlich gemeint war. „Uff, da hast du aber noch einmal Glück gehabt, um ein Haar hätte er dich gebissen, mach so etwas bitte nie wieder." Jenny erklärt Patrik, dass das der falsche Weg sei, einen Hund, der sich heftig wehrt, von seinem Vorhaben abzubringen. Patrik hatte nämlich Felix' Knurren nicht ernst genommen, was bei einem Dackel fatale Folgen haben kann. Dackel sollte man immer ernst nehmen.

Mit einigen Stücken Blutwurst, die Jenny in einer kleinen Metalldose aufbewahrt, kann sie Felix, ihren kleinen Sturkopf, schließlich problemlos und friedlich von dem Kaninchenbau weglotsen. „Du solltest dich nie auf einen Machtkampf mit einem Dackel einlassen, denn sie sind mutig, sehr wehrhaft und außerdem ist ihr Entscheidungswille enorm und darf nicht unterschätzt werden. Einen Dackel muss man überzeugen können, da ist Kreativität gefragt und man muss sich schon so manches einfallen lassen", erklärt sie Patrik auf dem Nachhauseweg. Noch kann der Freund ihre Begeisterung für diese Hunderasse nicht teilen, aber davon sagt er nichts.

Der Rest des Spaziergangs verläuft nahezu unspektakulär. Die drei treffen zunächst noch einige Hundefreunde von Felix, mit denen er ausgiebig herumtollt und dann brav seinen Weg neben Jenny fortsetzt. Als sie fast zu Hause sind, wittert Felix seinen „Lieblingsfeind". Es ist ein großer Mischlingsrüde, der an der nächsten Weggabelung immer an einer langen Leine geführt wird. Felix weiß das und liebt es, seinen Kontrahenten so richtig zu ärgern, seine Vorgehensweise ist schon zu einem Ritual geworden. Er stellt sich in Position. Durch seine Körperhaltung wächst er förmlich über sich hinaus, seine Rute trägt er dabei senkrecht nach oben wie eine Antenne. Gleich darauf biegt er laut bellend in den Weg ein, auf dem der Mischling ihm entgegenkommt. Kaum hat der große Hund Felix entdeckt, fällt er wie immer auf dessen Getue herein. Auch er will laut bellend auf Felix zurennen. Felix wartet noch ab, bis der andere rasant in die Leine gerannt ist, sodass sein Herrchen schon hinter ihm herstolpert. Nun saust er so schnell, wie er nur kann, ein Stück in Richtung Jenny zurück. Zwischendurch bleibt er kurz stehen, um sich nach dem großen Hund umzublicken. Diesen Vorgang wiederholt er einige Male, bis der Abstand zwischen den beiden Hunden nur noch wenige Meter beträgt. Als er Jenny und Patrik erreicht hat, begrüßt er sie schwanzwedelnd und bellt noch einmal zum Abschluss in Richtung „Lieblingsfeind", der weiterhin sein Herrchen an der Leine hinter sich herzerrt. Patrik kann sich das Lachen kaum verkneifen, denn auch er hat erkannt, dass Felix sich einen Riesenspaß erlaubt hat. „Das macht er mit diesem Hund immer so, es hat für mich den Anschein, dass er dabei genau einschätzen kann, wie weit die Leine des anderen reicht, und einen gewissen Sicherheitsabstand stets haarscharf einhält", erklärt Jenny.

„Sogar ich konnte den schelmischen, man könnte fast sagen schaden-frohen Gesichtsausdruck bei deinem Hund erkennen, der ist ja ganz schön raffiniert", entgegnet Patrik.

Auf der Wiese vor dem Haus formt Jenny einen Schneeball und wirft damit. Felix versucht, ihn zu fangen und zu zerbeißen. Dabei rennt er wild vor sich her knurrend und zieht übermütig seine Kreise um Patrik und Jenny. Es dauert nicht lange und auch Patrik beteiligt sich an der lustigen Schneeballschlacht. „Nur schade, dass Felix keine Schneebälle formen und zurückschmeißen kann", meint Patrik. Aber Jenny hat noch eine andere Idee. Sie rollt eine kleine Schneekugel über den Boden und fordert Felix auf, den Ball anzustupsen. Der Hund begreift schnell und rollt die immer größer werdende Kugel geschickt vor sich her. Patrik kommt aus dem Staunen nicht mehr heraus.

Bevor sie ins Haus gehen, muss Felix von den Eisklumpen befreit werden, die sich in seinem rauen Fell gesammelt haben. Lauter weiße, kleine Kugeln haben sich fest in seinem Pelz verhakt und lassen sich nur schwer entfernen. Jenny geht behutsam vor, aber es zupft und zieht trotzdem und Felix hat langsam genug davon. Er versucht, sich der Behandlung zu entziehen, indem er sich geschickt hin- und her-schlängelt. „Felix macht schon einen richtig leidenden Eindruck, kann man ihm das nicht ersparen?" „Nein, was sein muss, muss sein, denn das Eis soll nicht auf dem Teppich oder Sofa auftauen. Der leidende Blick ist wieder nur einer seiner Tricks, dabei sind Eisklumpen nur halb so schlimm im Vergleich zu Matsch, der ist noch viel schwieri-ger aus dem Fell zu entfernen. Damit sich die Prozedur in Grenzen hält, schneide ich ihm das Fell an den Beinen stets recht kurz. Das entspricht zwar nicht ganz dem Standard, aber ist dafür umso pflege-leichter", erklärt Jenny.

Im Haus angekommen, ziehen Patrik und Jenny ihre dicken Stiefel aus und machen es sich mit einem heißen Kakao auf dem Sofa gemüt-lich. So viel Zweisamkeit ist Felix jedoch ein Dorn im Auge und er hat schon wieder einen guten Einfall. Er beginnt, erst vorsichtig, dann immer stärker, an den Socken der beiden zu ziehen. Schließlich hat er eine erbeutet und fordert Jenny zu einem Fangspiel heraus, indem er sich die Socke laut vor sich hin brummend um die Ohren schleudert und dabei lustig vor seinem Frauchen hin und her springt. Natürlich kann Jenny der Spielaufforderung nicht widerstehen, während Patrik ein wenig schmollend auf dem Sofa sitzen bleibt. Als sich Jenny wieder zu ihm gesellt, bringt Felix ein Spielzeug nach dem anderen. Diesmal ist Patrik an der Reihe.

„Sieh nur, er scheint dich zu mögen, er will, dass auch du mit ihm spielst."

„Ich denke, er ist einfach nur eifersüchtig und setzt alle Tricks ein, die er auf Lager hat, um dich für sich allein zu haben."

„Nein, er ist doch so lieb. Schau mal, wie niedlich er seinen Kopf hält."

Felix' Plan scheint aufzugehen. Jenny ist von ihrem kleinen Schlappohr wieder einmal ganz verzückt, als dieser gut geübt und äußerst geschickt seinen unnachahmlichen Dackelblick einsetzt. Dabei richtet er seine Ohren so weit wie möglich nach vorne auf, neigt den Kopf ein wenig zur Seite und wedelt lammfromm mit der Rute. Auf diese Weise hat er es noch immer geschafft, jeden um die Pfote zu wickeln. Auch Patrik kann Felix nicht böse sein, endlich beginnt er, mit ihm das „Socken-zieh-aus-und-Fang-mich-doch-Spiel" zu spielen und alle haben Spaß dabei. Am Ende kuschelt sich Felix zwischen die beiden. So hat er wieder alles unter Kontrolle, wie es sich für einen cleveren Dackel gehört.

„Weißt du eigentlich, was das Schwierigste für einen Dackelhalter ist?"

„Vielleicht, sich seine Schadenfreude nicht anmerken zu lassen?"

„Nicht so ganz, es ist die konsequente Erziehung. Diese kleinen schlappohrigen Krummbeiner scheinen die Schwächen ihrer Leute genau zu kennen und nutzen sie gnadenlos aus, wobei sie wie ein Schauspieler ihre Mimik einsetzten, als hätten sie es gelernt. Da kann man kaum widerstehen, man muss einfach lachen und mitmachen und dann ist es mit der Konsequenz vorbei."

„Das habe ich heute zum ersten Mal selbst erlebt und ich glaube, ich bin ebenfalls schon vom Dackelvirus befallen. Was auch immer Felix macht, er verbreitet einfach nur gute Laune. Kann er eigentlich noch mehr?", will Patrik wissen.

„Du solltest ihn mal erleben, wenn er auf den Postboten wartet. Schon lange bevor man den Wagen hört, bezieht Felix seinen Beobachtungsposten auf der Fensterbank, den er über den Sessel erreicht. Von dort aus hat er die Straße im Blick und sobald er das Postauto sieht, rennt er zur Haustür. Nun wartet er ab, bis etwas in den Briefkasten, der sich in der Haustür befindet, gesteckt wird. In dem Moment zieht er seine Show ab. Von draußen hört sich das so an, als ob die Post nur noch aus Papierschnipseln bestände, dabei rührt er die Briefe nicht einmal an. Erst wenn er hört, dass das Postauto weiterfährt, stellt er sein Getue schlagartig ein."

„Auch bei meinem ersten Besuch hat er sich wie wild aufgeführt, macht er das bei jedem so?"

„Ja, er ist nun mal sehr wachsam und wenn ihm die Leute nicht gefallen, dann kann er auch höchst verteidigungsbereit sein. Er verfügt über eine ausgesprochen gute Menschenkenntnis, darauf kann ich mich verlassen. Aber bei dir war er eigentlich gleich freundlich gestimmt, er hat halt auch immer großen Spaß daran, unbekannte Besucher zu erschrecken."

„Mir scheint, dass man die kurzbeinigen Clowns, die Dackel nun mal sind, entweder liebt und ihrem Charme verfallen ist oder eben nicht, dazwischen gibt es nichts."

„So ist es, Patrik, entweder einmal Dackel, immer Dackel, oder einmal und nie wieder."

Die Dalmatiner Hündin Zoe

Lachende Hunde

Sabine Immken

Ich muss gestehen, ein hübsches Lächeln ist wahrlich etwas anderes. Wenn mein Dalmatiner lacht, sieht das nicht besonders schön aus, ganz im Gegenteil: Die Lefzen werden bis zur Nase hochgezogen und die Reißzähne gebleckt. Die Nase wird gekräuselt und die Augen werden zugekniffen. Der Kopf wird in den Nacken geworfen und die Kiefer werden auf- und zugeklappt. Dazu ertönen tiefe Grunzgeräusche, wie ein Hausschwein sie macht. Derweil dreht sich der Hund im Kreis. Wenn ich von lachenden Hunden noch nie etwas gehört hätte, würde ich womöglich um mein Leben bangen.

Das Lachen des Hundes löst bei Menschen unterschiedliche Reaktionen aus. Bei meinem Vater Mitleid: „Nett, dein Hund, Sabinchen, nur schade, dass er diese krankhaften Zuckungen hat." Bei einer Gruppe junger Amerikanerinnen, deren spitzes: „Oh my God, how cute" meinen Hund erst zum Lachen animiert hat, folgte blankes Entsetzen: „Aaaaaahhhhhh, it snatches." Kreisch, lauf weg.

Über das Lachen des Dalmatiners gibt es in der Forschung verschiedene Theorien. Eine Meinung: Um beliebter zu werden, versucht sich der Hund zu assimilieren und kopiert das Lachen vom Menschen. Ist damit nun der Mensch im Allgemeinen gemeint? Oder bin etwa ich im Besonderen gemeint? Wenn nämlich mein Dalmatiner der Auffassung ist, sein Lachverhalten eins zu eins von mir abgeschaut zu haben, dann habe ich ein ernsthaftes Problem. Schlagartig wüsste ich die unbequeme Wahrheit für bislang unerklärbare Angelegenheiten meines Lebens: zerbrochene Freundschaften, eine stagnierende Karriere, Liebhaber, die sich nach dem ersten Lächeln nie wieder gemeldet haben. Bis die Forschung sich einig ist, werde ich wohl jeden Morgen fünf Minuten vor dem Spiegel lächeln üben und mich dabei an ernst zu nehmenden Nachrichtensprecherinnen orientieren. Vielleicht macht mein Hund es mir ja nach.

Alles eine Frage der Energie

Sabine Nölke

Letzte Woche waren wir mit unserer Hündin Wanda beim Alters-Check. Wanda ist eine 7-jährige Deerhounddame. Die Deerhounds sind große, graue, aus Schottland stammende Windhunde und neben ihrer Menschenfreundlichkeit, ihrem Jagdtrieb und ihrem Hang zur Bequemlichkeit verfügen sie über ein ausgesprochenes Maß an Sturheit. Die Lebenserwartung eines Deerhounds beträgt etwa 9 bis 10 Jahre und so zählt Wanda nun schon zu den älteren Damen. In letzter Zeit wirkten ihre Augen etwas trüb und ihr Temperament schien ihr abhanden gekommen zu sein, sie konnte nicht einmal mehr ein Eichhörnchen zu einem Lauf animieren. Wanda hat noch eine Gefährtin, die 2 Jahre alte Deerhoundhündin Fiona. Seit einem Jahr gewöhnen sie sich nun aneinander und während Fiona alles tut, um der Älteren zu gefallen, hält Wanda am liebsten Distanz zu dem agilen Junghund.

Leider gehört der Besuch beim Tierarzt nicht unbedingt zu den Dingen, die meine Deerhounds lieben. Dazu kommt, dass sie sehr sensibel sind für die Stimmung ihres Besitzers. Diese Eigenschaft ist ein Grund, warum ich die Rasse so liebe. Sie ist aber in gewissen Situationen sehr störend. Wenn ich – wie eben beim Tierarztbesuch – selbst besorgt oder nervös bin, dann spiegeln die Hunde meinen Gemütszustand sofort wider. Man kann sie nicht belügen. Die großen Tiere fordern im Wartezimmer auch viel Raum, sodass ich eigentlich lieber mit beiden einzeln beim Arzt bin. Aber ich beschloss an diesem Tag, beide Hunde in die Praxis mitzunehmen, denn die sehr ängstliche Fiona sollte erfahren, dass ihr dort nicht jedes Mal Schlimmes widerfahren würde.

Das war mein Plan. Bei Wanda reichte ein Leckerchen, um sie zum Aussteigen aus dem Auto zu bewegen. Fiona musste ich herausziehen. Sie merkte sogleich, wo wir uns befanden, und warf Anker in der kleinen Wiese vor dem Parkplatz. Ein Deerhound kann stur sein wie ein Esel, wenn er etwas nicht möchte, dann hilft kein Schimpfen, Bitten oder Schieben. So versuchte ich es mit einer List. Ich tat so, als habe ich gar keine Hunde an der Leine, und setzte mich mit schnellen Schritten in Richtung Tierarztpraxis in Bewegung. Das Wartezimmer hat eine Tür zur Terrasse, die geöffnet war. Dort wollte ich rasch hinein. Da wir sonst immer den offiziellen Weg wählten, würden die Hunde den

Hintereingang vielleicht nicht als zur Praxis gehörend erkennen, hoffte ich. Doch meine Vorwärtsbewegung wurde jäh gestoppt. Wanda stand links und Fiona rechts hinter mir, zwei Grautiere, stur wie nie zuvor. Wut half auch nicht weiter. Fiona hopste rückwärts und versuchte, sich des Halsbands zu entledigen. Ich erinnerte mich an die Videos des Hundetrainers Cesar Millan aus den USA. Er ist „der Hundeflüsterer" schlechthin. Beeindruckend kommt er mit allen noch so schwierigen Situationen und Hunden zurecht. Sein Motto ist „Strahlen Sie eine ruhige und bestimmte Energie aus". Ich versuchte zu strahlen, aber es schien wirkungslos. Wenn die Hunde an der Leine mehr Gewicht haben als das Frauchen, dann ist das so eine Sache. 75 Kilo Angst und Unwillen verfügen über eine erstaunlich hohe Bodenhaftung. Ich blieb also auch stehen. Gut, dass ich wieder einmal zehn Minuten zu früh vor Ort war. Zu beobachten schien mich wohl keiner. Wer das Bild, das wir boten, gesehen hätte, der hätte mindestens gekichert. Mir war eher zum Brüllen zumute, aber auch ein Tritt in den Allerwertesten der Sturköpfe, rein gedanklich natürlich, erhöhte meine Energie kein bisschen. So beschloss ich, mich komplett lächerlich zu machen, und setzte die mir noch verbliebene Energie ein, um Fiona hochzuheben und sie mitsamt ihrer verdutzen Miene und der langen baumelnden Beine ins Wartezimmer zu tragen. Wanda folgte, nicht weniger erstaunt. Sie vergaß scheinbar augenblicklich, dass sie beschlossen hatte, niemals durch diese Tür zu gehen. Im Haus angekommen, setzte ich den 29-Kilo-Esel ab und verriegelte schnell den Zugang, auf den die beiden Grauen zusteuerten. Siegessicher ließ ich mich in einem der Stühle nieder. Meine Energie wuchs immens – wieder einmal bewahrheitete sich das entsprechende Gesetz: Sie geht eben nie verloren.

„Frau Nölke bitte!" Die Stimme der Arzthelferin alarmierte die zwei Schottinnen, die sich sofort überlegten, ihr Frauchen zum Ausgang zu ziehen und auf keinen Fall das Sprechzimmer zu betreten. Aber meiner Energie konnten sie nicht trotzen. Mit harscher Stimme und fester Hand bugsierte ich die beiden ins Sprechzimmer. Hier in diesem Raum war jegliche Feindschaft und Distanziertheit Wandas gegenüber der Jüngeren vergessen. Man litt gemeinsam. So saßen wir denn alle um Wanda herum, während sie untersucht wurde. Die Tierärztin, die

Arzthelferin und ich knieten neben dem hechelnden Tier, Fiona hatte sich hinter mich gezwängt und an die Wand gedrückt. Der Rest des Sprechzimmers war frei, zur Untersuchung dieser Riesenhunde hätte auch eine Besenkammer gereicht. Zunächst wurde Wandas Herz abgehorcht. Das klang sehr gesund. Meine Knie dagegen schmerzten und ich dachte darüber nach, die nette Tierärztin zu bitten, bei mir ebenfalls einen Senioren-Check vorzunehmen. Die folgende Augenuntersuchung verlangte unsere ganze Kraft, denn schließlich mussten kleine Papierchen auf das Auge gelegt werden, um den pH-Wert zu ermitteln. Wir hielten den 46 Kilo schweren und bis zur Schulter 80 Zentimeter messenden Hund ruhig. Anschließend wurde Blut abgenommen. Wanda zappelte mit dem Bein und der Fußboden war augenblicklich mit roten Flecken übersät. Doch dann war es fast geschafft! Für die Augen, die altersgemäß getrübt waren und etwas zu trocken, erhielten wir eine Salbe.

Sobald die beiden Grauen bemerkten, dass die Untersuchungen beendet waren, zogen sie wieder genauso wie zuvor in Richtung Tür. „Bringen Sie Ihre Hunde ruhig erst ins Auto und bezahlen Sie dann", schlug die Tierärztin vor. Das hatte ich sowieso vor und willigte dankend ein. Niemals hätte ich es geschafft, an der Rezeption zu ankern, denn der Weg dorthin führt in gerader Linie zum Ausgang. Bis zur Kasse sind es vier Meter und bis zum Ausgang vielleicht sechs. Multipliziert man unser Gesamtgewicht, dann ist die beschleunigte Masse derart hoch, dass sie niemals vor der Ausgangstür zum Abbremsen gekommen wäre. Mir blieb also nur noch, die Dame mit dem Dackel, die mitten im Weg stand, akustisch zu warnen. Sie nahm den kleinen braunen Hund sofort unter den Arm. Blitzschnell war ich mit meinen Großen am Auto, lud sie ein, kehrte dann schnaufend zur Praxis zurück und beglich die Rechnung.

Zu Hause aß ich einen Riegel Schokolade, der meine verbrauchte Energie auch tatsächlich sofort zurückbrachte. Aber auf Dauer werde ich mir wohl etwas einfallen lassen müssen, wie ich eine ähnliche Situation besser meistern kann. Vielleicht lege ich mir einen Dackel zu.

Lilly und Paul
Zwei liebenswerte Bulldoggen

Petra Deyringer-Kühnle

Seit vielen Jahren gehören Hunde zu unserem Leben. Wir können es uns ohne sie gar nicht mehr vorstellen. Wir, das sind mein Mann Harry und ich. Seit vielen Jahren sind wir auch im Tierschutz aktiv und so stammen unsere Hunde alle aus einem Tierheim. Es war im Sommer 2009, als ich am Spätnachmittag einen Anruf von meiner Tierschutzkollegin Nicole erhielt. „Petra, kannst du eine Französische Bulldogge aufnehmen? Sie ist ein absoluter Notfall und du musst dich schnell entscheiden." Bevor ich überhaupt irgendetwas sagen konnte, erzählte Nicole schon weiter. „Es ist eine dreijährige Zuchthündin und seit heute Nachmittag ist sie plötzlich gelähmt. Der Tierarzt hat den Verdacht, dass es sich um einen Bandscheibenvorfall handelt. Die Prognose ist ungewiss. Sie muss heute Abend gleich in eine Tierklinik. Wenn es wirklich ein Bandscheibenvorfall ist, muss der schnellstens behandelt werden."

In meinem Kopf wirbelte alles durcheinander und ich bat Nicole um eine halbe Stunde Bedenkzeit. Schließlich musste ich die Situation auch mit meinem Mann besprechen. Außerdem konnte ich mir unter einer Französischen Bulldogge nichts Genaues vorstellen. Im Internet wurde ich dann schnell fündig. So hatte ich zumindest eine Vorstellung, wie unser neues Familienmitglied aussehen würde. Nun musste ich nur noch meinen Mann überzeugen. Immerhin wohnten bei uns schon drei Hunde: Orri, unser sechzehnjähriger Senior, der zwölfjährige Teddy und die kleine ca. vierzehnjährige Maggie. Ich rief Harry auf seinem Handy an und berichtete kurz. Erst war Stille am Telefon, dann meinte er: „Also ich komme jetzt erst mal nach Hause, in ein paar Minuten bin ich da." Um es kurz zu machen: Ich brauchte nicht lange, um ihn für mein Vorhaben zu gewinnen.

Ich meldete mich wieder bei Nicole und sagte ihr, dass wir die Hündin aufnehmen würden. Jetzt mussten wir nur noch eine Tierklinik finden, mittlerweile war es schon ziemlich spät. Die nächstgelegene konnte die Hündin nicht behandeln, da der zuständige Tierarzt im Urlaub war. Ich bekam die Telefonnummer einer anderen Klinik, die für solche Fälle die Vertretung übernimmt. Dort klappte es und ich vereinbarte mit Nicole, uns vor Ort zu treffen. Wir packten unsere Hunde ins Auto. Nach ca. einer Stunde erreichten wir unser Ziel.

Nicole war noch nicht da. Um die Wartezeit zu überbrücken, erledigte ich die Formalitäten. Meine Nervosität stieg. Wir würden eine Hündin aufnehmen, die wir noch nicht einmal kannten. Hoffentlich würde sie sich mit unseren Hunden verstehen. Wie sie wohl aussehen würde? Würde sie uns mögen? Dies und noch vieles mehr ging mir im Kopf herum. Endlich war es so weit. Nicoles Auto bog um die Ecke. Ich konnte es kaum erwarten, bis sie die Transportbox öffnete. In diesem Moment blickten mich zwei riesige dunkelbraune Augen an. Ich erlitt fast einen Zuckerschock, so süß war die Hündin. Sie war sehr klein, hatte einen dicken runden Kopf mit einem stehenden und einem hängenden Ohr und äußerst liebevollen Augen. Um mich war es geschehen. Mir war auch sofort klar, dass sie Lilly heißen musste. Mein Mann kam vorsichtig näher und Lilly blickte ihn neugierig an. Dabei gab sie eigenartige Geräusche von sich. Etwas verunsichert fragte mein Mann Nicole: „Knurrt sie?" „Nein nein, sie schnorchelt nur. An das Geräusch musst du dich gewöhnen." Nun waren wir also Besitzer einer schnorchelnden Bulldogge.

Nicole und ich brachten Lilly in die Tierklinik. Harry blieb bei Orri, Teddy und Maggie. Die Tierärztin holte uns gleich ins Sprechzimmer und wir setzten Lilly auf den Behandlungstisch. Ihre Hinterbeine waren komplett gelähmt. Die Ärztin untersuchte die Hündin genau und äußerte Zweifel an der Diagnose. Lilly zeigte überhaupt keine Schmerzreaktionen, die eigentlich für einen Bandscheibenvorfall typisch gewesen wären, und ließ die Untersuchung problemlos über sich ergehen. Anschließend musste sie für weitere Untersuchungen in der Klinik bleiben. Die Tierärztin versprach uns, sich morgen zu melden, sobald die Untersuchungsergebnisse vorliegen würden.

Unsere Gedanken waren ständig bei Lilly. Wie mochte es ihr wohl gehen und was würde bei den Untersuchungen herauskommen? Am Nachmittag erhielten wir endlich den ersehnten Anruf. Lilly hatte keinen Bandscheibenvorfall, sondern einen Rückenmarksinfarkt. Eine Operation konnte bei dieser Diagnose nicht durchgeführt werden. Es blieb nur der Versuch, sie mit Physiotherapie wieder zum Laufen zu bringen. Wir waren völlig schockiert, aber fest entschlossen, um Lilly zu kämpfen. Als wir sie am nächsten Tag abholten, schaute sie uns bereits auf dem Arm der Tierarzthelferin mit ihren großen Augen erwartungsvoll entgegen. Wir fuhren mit ihr nach Hause, die Spannung stieg. Was würden Orri, Teddy und Maggie zu Lilly sagen? Entgegen unseren Erwartungen passierte jedoch nicht viel. Lilly saß in ihrem Körbchen und schaute sich ihr neues Zuhause erst einmal genau an. Die drei anderen Hunde ließen das so komisch schnorchelnde Wesen in Ruhe. Die Nacht war ruhig, Lilly schlief friedlich neben meinem Bett. Am nächsten Morgen fing sie an, durch die Wohnung zu robben. Uns tat der Anblick in der Seele weh, aber Lilly machte keinen unglücklichen Eindruck. Wir fanden bald eine sehr nette Tierärztin, die sich auf Tierphysiotherapie spezialisiert hatte. Anfangs gingen wir dreimal pro Woche mit Lilly zur Therapie und zu Hause übten wir auch regelmäßig. Lilly machte prima mit und schon bald waren erste Erfolge sichtbar. Mittlerweile kann sie wieder laufen, es ist lediglich eine leichte Gehbehinderung zurückgeblieben.

Lilly hat ein sehr liebes und fröhliches Wesen. Sie ist immer gut gelaunt und kann sich ausgelassen freuen. Dann hopst sie wie ein kleiner Gummiball auf und ab. Nach einer Weile hatten sich auch Orri, Teddy und Maggie an die typischen Bulldoggengeräusche gewöhnt. Im September 2009 starb Orri. Als er langsam schwächer wurde, ist Lilly nicht mehr von seiner Seite gewichen. Es war rührend, wie sie sich in seinem Körbchen stets ganz dicht an ihn geschmiegt hat.

Im Oktober sind wir alle zusammen an die Nordsee gefahren. Es war ein wunderschöner Urlaub, wir hatten viel Spaß am Strand. Da Lilly keine weiten Strecken laufen konnte und auch unsere Maggie altersbedingt nicht mehr gut zu Fuß war, kauften wir einen Hundewagen, damit die beiden überall dabei sein konnten. Unsere Mädels saßen da wie kleine Prinzessinnen und ließen sich chauffieren. Es fehlte nur noch, dass sie grüßend die Pfoten gehoben hätten. Die Blicke der Mitmenschen ignorierten wir. Manche Leute haben dann aber doch die eine oder andere Frage gestellt. Ein Mädchen war so begeistert, dass sie uns fotografieren wollte.

Es dauerte nicht lange, bis die zweite Bulldogge bei uns einzog. Wie Lilly stammt auch Paul aus dem Tierschutz. Die beiden haben sich gleich verstanden, allerdings hat Lilly die Hosen an. Für seine erste

Nacht habe ich Paul in unserem Schlafzimmer ein gemütliches Plätzchen eingerichtet. Das hat er jedoch geflissentlich ignoriert, machte einen Satz und lag zwischen uns. Seitdem teilen wir unser Schlaflager mit zwei Bulldoggen. Die beiden liegen immer eng aneinander gekuschelt, manchmal auch übereinander. Teddy und Maggie wechseln nachts öfters ihre Plätze, hin und wieder wollen sie aber auch ins Bett. Dann ist wegen Überfüllung geschlossen! Ein eigenes Körbchen brauchen Lilly und Paul im Grunde nicht, meist quetschen sie sich in eins hinein frei nach dem Motto „Platz ist in der kleinsten Hütte".
Lilly liebt Plüschtiere über alles. Ihr Lieblingstier ist ein Streifenhörnchen. Das schleppt sie herum und wenn sie schläft, liegt es neben ihr. Als wir in Urlaub gefahren sind, haben wir das Streifenhörnchen vergessen. Sie hat es überall in der Ferienwohnung gesucht und schließlich Harrys Socken als Ersatz benutzt. Ich habe ihr ein kleines Plüschschaf gekauft. Besonders niedlich ist es, wenn Lilly und Paul zusammen spielen. Meistens beginnt Lilly das Spiel mit einem Geräusch, das man als eine Mischung zwischen Bellen und Krächzen bezeichnen kann. Bullylike eben. Dann hebt Paul seine Vorderpfote und legt sie Lilly auf den Kopf. Das ist der endgültige Startschuss. Sie rennen durch die Wohnung und kugeln sich auf dem Boden. Paul nimmt Lillys Hinterbein in sein Maul und nagt darauf herum wie auf einem Kauknochen. Auf eine sehr liebevolle Art sind sie aber auch wie kleine Panzer. Wenn sie etwas möchten, versuchen sie, es mit allen Mitteln zu erreichen, egal ob irgendwas oder irgendwer im Weg steht. Vor allem Lilly ist stur. Ermahne ich sie, schaut sie mich ganz treuherzig an, als wollte sie sagen: Meinst Du mich? Bin ich Lilly?
Morgens erleben wir unsere innigsten Momente. Wenn Paul merkt, dass ich wach werde, legt er mir seinen kleinen, dicken Kopf an den Hals und atmet zufrieden seufzend aus. Dass dabei ein feiner Sprühregen auf mein Gesicht niedergeht, stört ihn nicht! Lilly hingegen freut sich so, dass sie mir ganz heftig das Gesicht ablecken muss. Am 29.06.2010 hat sich Maggie nach längerer Erkrankung auf den Weg über die Regenbogenbrücke gemacht. Wir vermissen sie unendlich und sie hinterlässt eine große Lücke. Teddy, Lilly und Paul haben sich ganz sanft von ihr verabschiedet. Wir sind dankbar für unsere Hunde!

Bedienungsanleitung für einen Wolf

Andrea Feder

Ach herrje, ich kann es nicht mehr mit ansehen, wie Frauchen Haare raufend über dem Schreibblock sitzt. Soll sie doch eine Geschichte schreiben, in der sie meine Rasseeigenschaften erklärt. Viele Geschichten fallen ihr spontan ein. Aber eine, die mich als tollen Huskytypen beschreibt, und dann noch auf Kommando – Fehlanzeige. Ich kann ja verstehen, dass ihr so etwas schwerfällt, außerdem sieht sie mich meiner Meinung nach sowieso mit ganz anderen Augen, als ich eigentlich bin. Deshalb war ich heute mal so frei und habe gesagt: „Komm Frauchen, lass mich das mal machen, ich weiß doch am besten Bescheid, wenn es um mich geht, oder?"

Also nahm ich den Stift in die Pfote, legte mich in den kühlen Schatten im Garten und grübelte ... Uups, stellte ich fest, das ist ja doch nicht so einfach. Schließlich muss Zweibeiner verstehen, was ich sagen will. Und wie schwierig die Kommunikation zwischen Hund und Mensch ist, weiß ich aus dem täglichen Leben zur Genüge.

Ha, jetzt hab ich es! Wie sagt Herrchen immer so schön, wenn mal wieder so ein blödes neues Technikteil den Weg in unsere Hütte gefunden hat? Angeblich, um irgendeine Arbeit zu erleichtern ... Na ja, wer es glaubt, jedenfalls sind alle meistens erstmal ratlos, bis Herrchen vorschlägt: „Read the fucking manual." Ich übersetze das jetzt lieber nicht, möglicherweise lesen auch Welpen diese Zeilen mit. Aber ich folge Herrchens Rat – bin ja auch ein Mann – und glaube, dass mich mein Mensch bestimmt versteht. Hier kommt also meine Bedienungsanleitung für einen Wolf:

1. Du brauchst mir nicht immer zu sagen, wie hübsch ich anzusehen bin mit meinen zwei blauen Augen. Das ist bei uns Huskys ganz normal und kommt oft vor. Aber natürlich darfst Du dem Charme meiner schönen Augen erliegen, wenn ich es will.

2. Ich freue mich grundsätzlich immer über jeden Menschen, der uns besuchen kommt. Egal, zu welcher Tageszeit. Ich werde ihn schwanzwedelnd und freudig begrüßen. Erwarte also nicht, dass ich Dein Hab und Gut verteidige oder gar bewache.

3. Ich liebe es, ausgiebig gebürstet zu werden, und Du wirst es auch lieben – trotz des Muskelkaters in Deinen Armen. Es fliegt dann nämlich nicht so viel Fell während des Wechsels in der Wohnung

umher und Du kannst Deinen Staubsauger schonen. Der Fellwechsel eines Huskys ist eh schon schlimm genug. Er übertrifft alle anderen Rassen.

4. Ich erwarte von Dir, dass Du pro Tag mindestens drei Stunden mit mir gemeinsam in freier Natur verbringst, bei jedem Wetter! Ist ja schließlich alles nur eine Frage der Kleidung.

5. Hinterher darfst Du Dir natürlich Deine kalten Hände – gerne wieder drei Stunden, grins – in meinem flauschigem Fell warmkraulen, denn auch von Schmuseeinheiten kann ich nie genug bekommen.

6. Erwarte nie von mir, dass ich etwas tue, nur weil Du es gerne willst. Mit viel Wolf im Blut habe ich von manchen Dingen meine eigene Meinung. Du nennst es starrköpfig; ich nenne es Vernunft. Und damit Du verstehst, was ich meine, will ich's Dir erklären: Warum soll ich Dir – um nur ein Beispiel zu nennen – ein Stöckchen holen, was Du immer wieder wegwirfst? Offensichtlich willst Du es ja nicht mehr haben. Also hole es Dir gefälligst selbst oder schaff Dir eine andere Rasse an.

7. Am liebsten lebe ich in einem großen Rudel. Viel Raum brauchen wir nicht, denn wir liegen immer nah beieinander.

8. Bedenke vor meiner Anschaffung, dass ich ein leidenschaftlicher Jäger bin, und gib die Hoffnung, meinen Jagdtrieb kontrollieren zu können, lieber gleich auf. Glaube mir, ich habe die besseren Nerven und das längere Durchhaltevermögen. Das wiederum heißt, dass Du mich u. U. nie ableinen kannst oder zumindest nur auf eingezäunten Grundstücken. Zwar habe ich eine gute Orientierung und finde sicherlich den Weg nach Hause zurück; allerdings bin ich dann wohl auch satt und komme mit dem Meerschweinchen-Freak von drei Straßen weiter plus Ordnungsamt im Nacken heim.

9. Fazit: Ein Couchpotato darfst Du nicht sein, denn Du hängst schließlich am anderen Ende der Leine und musst demnach genauso agil sein wie ich.

10. Bellen tue ich selten, aber ich kann meine Gefühle in wunderschönen Heultonlagen ausdrücken.

11. Dein größter Grundsatz sollte sein: Entscheide Dich von ganzem Herzen für mich und nicht nur wegen meines Aussehens. Denn nur dann wirst Du glücklich mit mir.

Für intensive Beratungen wählt meine Hotline 0180/123456. Macht dann 1 kg grüner Pansen pro Minute.

Heulende Grüße
Euer Gringo

Keine blauen Augen

Anna Wöltjen

Seit ich Schlittenhunde habe, höre ich dauernd von Passanten die Bemerkung: „Das sind doch keine Huskys, die haben doch gar keine blauen Augen." Immer wenn ich auf die Frage, was ich da an der Leine hätte, erkläre, das seien zwei Schlittenhunde, wird sofort die Augenfarbe bemängelt. Offensichtlich hat es sich in den Köpfen festgesetzt, dass diese Hunde aus den kalten, schneebedeckten Landschaften automatisch einen eisblauen Blick haben müssten. Meine Vierbeiner dagegen haben braune Augen und das irritiert viele. Schlittenhunde können entgegen der Mehrheitsmeinung nicht nur in der Augen-, sondern auch in der Fellfarbe sehr verschieden ausfallen: schwarz, grau, rot, braun oder weiß. Außerdem können sie sowohl mit Steh- als auch mit Schlappohren ausgestattet und unterschiedlich groß sein. Einmal sind wir bei einer Schönheits- und Zuchtschau im Ring mitgelaufen. Das Urteil der weißrussischen, blondierten Richterin in Spitzenbluse lautete knapp, aber bestimmt: „Ohren zu lang, Beine zu lang, aber sehr aktiv und freundlich!"

Was mich an meinen Hunden fasziniert, ist nicht ihre Optik, sondern ihre große Menschenfreundlichkeit, ihre Energie und Ausdauer. Während sie im Haus unauffällig und eigentlich fast ständig dösend auf ihren plüschigen Schlafdecken liegen, sind sie – kaum an der frischen Luft – sofort hellwach und in Aktion. Sie können so schnell durch das flache Ufergewässer eines Sees laufen, dass es aussieht, als würden sie fliegen. Ein Kind rief einmal, begeistert von diesem Anblick, seinen Eltern zu: „Mama, Papa, guckt: Jesus-Hunde! Die können über das Wasser rennen!"

Das Schicksal führte mich auf seltsam verschlungenen Wegen zu der Rasse der Huskys. Ich wurde von wildfremden Menschen angesprochen, die mich sportlich gekleidete und offensichtlich wetterfeste Person fragten, ob ich nicht zufällig einen Schlittenhund haben wolle, da sie mir gerne einen von ihren geben würden. Wir tauschten Adressen und Telefonnummern aus und nach ein paar schlaflosen Nächten rang ich mich zu einem „Ja" durch. Brea mit ihrem norwegischen Namen „Gletscher" zog daraufhin bei mir ein. Von da an war ich mit dem gutartigen Schlittenhundvirus unheilbar infiziert. Etwas Derartiges ist mir seitdem nie wieder passiert. Zwei Jahre später lud mich meine Schwester in eine ostfriesische Windmühle zu einer Silvesterparty ein. In der Nähe wohnten Huskyfans mit 20 knuddeligen pelzigen Exemplaren, die mich von einer perspektivischen Rudelvergrößerung überzeugen konnten. Kurze Zeit drauf zog Aurica ein. Die beiden Hunde und ich wurden ein geniales Team.

Im Laufe der Zeit veränderte sich einiges in meinem Leben. Mein Sofa hat statt eines Stoffbezuges jetzt eine Kunstlederbespannung, damit ich die feine, helle Unterwolle, die meine Hunde das ganze Jahr über verlieren, einfach absaugen kann. Wenn ich das Haus in edler Kleidung wie z. B. einem dunklen Hosenanzug verlasse, greife ich reflexartig zur Klebe-Fusselrolle, um ohne haarige Spuren zu offiziellen Terminen zu kommen. Noch vorteilhafter ist es, beim Kleidungskauf von vorneherein melierte Beige- oder Grautöne zu wählen. Beim Schuhwerk empfiehlt es sich, auf Absätze zu verzichten, und bei Glatteis oder Schnee gehe ich nie ohne Spikes an den Sohlen hinaus, denn sonst spielen die Hunde Eiskunstlauf mit mir. Im Badezimmerschrank befindet sich stets Aloe-Vera-Hundeshampoo, um ihr Fell von unangenehmen Gerüchen zu befreien, wenn sie sich wieder mal begeistert wie Wildschweine gesuhlt haben. Neben den Fahrrädern steht im Keller ein Tretroller, der bei kühlem Nordwind über holprig sandige Trampelpfade gezogen wird. Ich besitze neuerdings auch einen Garten. Das Wichtigste waren mir jedoch nicht etwa schöne Blumen, sondern der durchbuddelsichere und hohe Gartenzaun ringsherum, der die zwei daran hindert, auf der anderen Seite des Zauns Igel oder Katzen zu jagen. Der Paketbote ist entzückt, da die Hunde jeden ins Haus oder auf das Grundstück lassen und nicht mal aufstehen, wenn es klingelt. Zum Gassigehen und Radfahren benutze ich immer einen Bauchgurt mit Leine, um ihre Energie in die richtige Richtung zu lenken. Meine Anzahl an Regenhosen, Wanderstiefeln, Goretexjacken, Mützen und Handschuhen hat sich verzehnfacht und das Auto ist von den Ausflügen ins Grüne ständig schlammverkrustet. Überhaupt fahre ich jetzt statt eines Golfs einen Kleinbus, um die Hunde und die ganze Ausrüstung gut verstauen zu können. Reiseziele, bei denen meine Augen leuchten, sind nicht die Toskana, Südfrankreich oder Mallorca, sondern die menschenleeren Ostseestrände im Herbst, der Thüringer Wald, das Erzgebirge im Winter oder abgelegene winzige Ortschaften in ganz Deutschland, in denen von Oktober bis März Schlittenhunderennen stattfinden. Mittlerweile habe ich fast alle deutschen Wanderkarten und ein mobiles Geländenavigationssystem angeschafft.

Spaziergänge mit Schlittenhunden dauern eigentlich nie weniger als zwei Stunden und wenn es nach ihnen ginge, würden sie gerne den ganzen Tag durch Wald und Wiese toben. Daher packt man sicherheitshalber immer für sich ein Käsebrötchen ein und nimmt eine Flasche stilles Mineralwasser mit, was man mit den durstigen Fellknäueln unterwegs selbstverständlich teilt. Im Winter habe ich bei meinen Touren immer eine Stirnlampe im Rucksack, denn meistens bin ich doch wieder bis weit nach Sonnenuntergang draußen. Leben mit Schlittenhunden heißt 24 Stunden im Training sein mit tierisch motivierten Personal-Fitnesstrainern, deren Motto es ist: Wir steigern die Lebensqualität und Stressresistenz und machen dich fit!

In der Hundeschule

Hannelore Nics

„Merlin, scheint's, ist ein behänder
pubertärer Kromfohrländer
in der Drahthaarvariante",
sagt die Hundeschule-Tante.
„Eine Rasse, klug, verschmitzt,
selbstbewusst und sehr gewitzt
und das Beste ist, es haben
diese Kromfohrländerknaben
mit der Jagd rein nichts am Hut."

Pech! Denn Frauchens Tunichtgut
findet innigstes Ergötzen
just am Jagen und am Hetzen.
Also stimmt da etwas nicht
mit der Rasse und dem Wicht.
„Nun, dafür gibt's einen Grund:
Opa war ein Vorstehhund
und der steckt in Merlin drin",
meint die kluge Lehrerin.
„Ob das jetzt ein Setter gar
oder Münsterländer war,
müsste man Experten fragen.
Dazu kann ich wenig sagen."
Merlin kratzt sich sonder Eile
an der linken Hinterkeule
und denkt staunend: „Hast du Töne!
Diese Vielfalt toller Gene,
die in meinem Body steckt,
macht mich glatt als Hund perfekt!
Welche Freude, welch Gewinn,
dass ich nur ein Mischling bin!"
Und er plant, den Rassetieren
samt der Tante vorzuführen
– teils mit Schlauheit, teils mit List –,
was 'ne echte Harke ist.

Schon versammeln sich die Hunde
aufgeregt zur ersten Runde.
Bellen, Jaulen, Winseln, Knurren,
Kläffen, Keifen, Heulen, Murren,
Grollen, Brummen, Zähnefletschen
und dazwischen wildes Catchen
machen es vor allen Dingen
schwer, mit Worten durchzudringen.
Hysterie de luxe! Natürlich
denkt man da ganz unwillkürlich
an das Chaos und die Riten
mit den Schulanfängertüten.
Schließlich ist genug gebellt
und der Lärm wird abgestellt
mittels einer Trillerpfeife.
Prompt ist Schluss mit dem Gekeife,
denn die Triller, die durchbohren
beinhart zarte Hundeohren.
Bello, Lumpi, Rex & Co
landen schmerzlich auf dem Po;
Waldi, Alf und auch Bijou
kleistert es die Schnauze zu.
Bloß zwei ganz nervöse Tölen
hört man noch hysterisch nölen
und ein angsterfüllter Dackel
macht verschämt ein kleines „Lackel",
doch die Tante merkt es nicht.
Dann beginnt der Unterricht.

Brav trabt Merlin an der Leine.
Heißt es „Steh!", stoppt er die Beine;
heißt es „Platz!", dann folgt er auch
und plumpst fröhlich auf den Bauch.
Denn er weiß es ganz gewiss:
Wenn man spurt, gibt's Leckerlis,

braucht doch jede Lektion
ihre Motivation.
Während andre sich noch plagen,
sitzt er längst schon voll Behagen
neben Frauchen und darf rasten,
denn der Lehrstoff ist „im Kasten".
Doch allmählich wird ihm fad
und das macht ihn desperat …
Nein, er kann sich's nicht verkneifen,
ins Geschehen einzugreifen.
Höchste Zeit, dass was passiert
und die Sache spannend wird!
Und den Hundekameraden
wird die „action" schon nicht schaden.

Da ist dieser Dalmatiner.
Der getüpfelte Schlawiner
ist so stolz auf seine Flecken –
Merlin muss ihn einfach necken.
Also kläfft er kurz: „Kollege!
Wie steht's mit der Fleckenpflege?
Kannst du um die Ecke flutschen,
ohne dass die Flecken rutschen??
Stimmt's, du hast doch hundertelf??"
„Mist! Es sind ja hundertzwölf!!!",
jault der arme Fleckenhund.
„Herrchen, Hilfe! Fleckenschwund!!!"
Herrchens Blut beginnt zu brodeln,
denn der Hund fängt an zu „rodeln"
und hat sämtliche Finessen
der Kommandos glatt vergessen.
„Punkte sind mein Renommee!",
weint er, „Punktverlust tut weh!"
Während er nach Punkten sucht
und sein Herrchen ihn verflucht,

nimmt Freund Merlin, so zum Jokus,
einen Pudel in den Fokus,
denn der affektierte Gang
dieses Schönlings macht ihn krank.
„He, du kurzgeschor'nes Kleinchen!
Du mit den Spaghettibeinchen!",
blafft er listig. „Jeder dritte
deiner ballettösen Schritte
ist um einen Hauch zu kurz.
Mir ist das ja freilich schnurz,
aber unsre Hundetante
liebt nun mal das Elegante.
Also zähl schön!" Und der Pudel
startet prompt ein Beingestrudel,
bis die Läufe sich verknoten,
was den jaulenden Chaoten –
durch den Bremseffekt bedingt –
jäh zu einem „Kniefall" zwingt
und sein Fell mit Dreck verkleistert.
Merlin registriert's begeistert.

Nur noch eine Viertelstunde.
Heiter blickt er in die Runde
und studiert die Eskapaden
seiner Klassenkameraden.
Das ergebene Gewackel
von Filou, dem Rauhaardackel,
mutet Merlin seltsam an.
Hat er was, der kleine Mann,
außer dass er „links" und „rechts"
tauscht im Eifer des Gefechts?
Plötzlich fällt ihm etwas ein.
Könnte das die Lösung sein?
Klein-Filou hat als Mäzen
einen Dampfschiffskapitän

und der sagt auf hoher See
garantiert nur „Luv" und „Lee".
Klar, dass da der Zwerg verzagt.
Jetzt ist Merlins Grips gefragt.
Und schon gibt er Hilfestellung
durch gezielte Richtungs-Bellung.
„Wuff" heißt „Luv". Und ist es „Lee",
bellt er nicht. Das ist der Dreh!
Ei, wie ist der Dackel froh
und sein Herrchen sowieso.
„Na, jetzt ist dir kleinem Rangen
doch der Knopf noch aufgegangen!",
brummt er stolz und steckt Filou
Kekse zur Belohnung zu.

Hiermit endet für die Hunde
ihre erste Trainingsstunde
und die Tante sagt noch heiter:
„Nächste Woche geht es weiter",
als ein Mops höchst vehement
Merlin vor die Beine rennt.
„Weg mit dir, du Mischlingsköter!",
schnauft er böse, „Du kommst später!
Ich als echter Chinamops
hab hier Vorrang. Also hops!"
Merlin kann das weder fassen
noch so einfach stehen lassen
und markiert, ganz auf die Schnelle,
insgeheim die Eingangsschwelle –
nur mit einem Minitröpfchen.
Denn ihm sagt sein kluges Köpfchen,
dass der Feind doch garantiert
diese Stelle auch markiert.
Stimmt! Schon grunzt der: „Hach, mein Lieber!
Da markier ich locker drüber!"

Und prompt folgen – gut geraten! –
auf die Worte reichlich „Taten".
Merlin lässt es schlau geschehen.
Fein! Die Tante hat's gesehen,
wird sehr ernst und sagt bestimmt:
„Wenn sich einer schlecht benimmt,
krieg ich einen Obolus,
weil ich schließlich putzen muss. –
Und du kleiner Tausendsassa
zahlst fünf Euro in die Kassa!"

Damit ist der Fall entschieden.
Merlin trollt sich hochzufrieden
und trabt brav „bei Fuß" nach Haus.
„Na, du hast den Bogen raus!",
lobt ihn Frauchen und verspricht
ihm Ragout, sein Leibgericht.
„Denn heut warst du wundervoll
und sooo brav – ganz einfach toll!"
„Wenn du wüsstest ...", denkt der Hund.
Und er denkt's nicht ohne Grund,
liegt doch unter seinem Kissen
(Frauchen muss nicht alles wissen!)
die geklaute Trillerpfeife
mit der lächerlichen Schleife.
Korrektur!, denn mittlerweile
sind's ja nur noch Einzelteile.

Die Mastin Español Hündin Guerrera

Königin für einen Tag

Andrea Wachsmann

Es war Anfang der Neunziger, als ich sie das erste Mal sah. Sie war voller Furcht, sodass sie sich beim Anblick Fremder sofort unter einen Busch verzog. Ich ging ihr nach, sie zog sich noch weiter zurück und drohte zitternd. HÄSSLICH, dachte ich, dieses dunkelgestromte dünne Etwas, und schämte mich sofort für meine Gedanken. Ratlos sah ich Arthos an, den großen Weißen aus den Bergen, der sie ruhig und abwartend betrachtete. Vor ihm schien sie weniger Angst zu haben. Ich begann, leise mit ihr zu sprechen, und erzählte ihr von uns, damit sie mich wahrnahm. Das Etwas unter dem Busch rührte sich nicht. Schließlich erklärte ich, dass ich mir noch überlegen müsse, ob ich sie zu mir nähme, und fuhr heimwärts. Unterwegs ging mir vieles durch den Kopf. Eine solch unsichere große Hündin – würde sie sich überhaupt in einem normalen Leben entspannen können? Sie war schon einmal vermittelt gewesen und durch die vielen ihr Angst machenden Umweltreize noch verstörter zurückgekommen. HÄSS-LICH, dröhnte es erneut durch meinen Kopf. Wieder schämte ich mich für meine Hochmütigkeit. Als ich zu Hause aus meinem Auto ausstieg, sah ich meinen Weißen an und fragte ihn: „Was meinst du?" Er gab wie immer keine Antwort, sondern sah mich nur prüfend aus dunklen Mandelaugen an.

Wenige Tage später fand ich mich wieder bei der Hündin und hörte mich sagen: „Wir wollen sie!" Der Halter, der die Hoffnung aufgegeben hatte, für dieses schwer verstörte und in ihrem Rudel nur gemobbte Wesen einen passenden Platz zu finden, schien erleichtert, als er uns sah. Damit hatte er wohl kaum gerechnet. Ich eigentlich auch nicht.

Um der Großen den Umzug zu erleichtern, nahm ich ihre Matratze und die Decken mit, auf denen sie schlief. Gemeinsam bargen wir das Bündel Angst aus dem Gebüsch und mit sanftem Druck und Arthos' ruhiger Ausstrahlung trugen wir sie zum Auto. So kam sie zu uns. Guerrera – unpassender hätte kein Name sein können. Sie war eine Kriegerin voller Angst und fürchtete sich fast vor ihrem eigenen Schatten. Eine zutiefst Verletzte, die nicht mehr viel Hoffnung hatte.

Zu Hause angekommen, dachte sie überhaupt nicht daran, das Auto zu verlassen. Sie klammerte sich an ihre Matratze und ließ sich nicht beruhigen, geschweige denn bewegen. So ließ ich die Heckklappe offen stehen und überließ es ihr, ob sie aussteigen wollte oder nicht. Mehrere Stunden hielt sie die Stellung, unter den feixenden Blicken des Nachbarn, der bis zu diesem Zeitpunkt noch unser Grundstück einsehen konnte. (Das haben wir danach geändert.) Ich war nicht ganz sicher, ob sie Katzen mochte, aber ich fühlte es. So war es auch Tuna, die zurückhaltendste, ein rabenschwarzer Siammix, die irgendwann neugierig in den Wagen spähte. Ohne Angst vor diesem großen Hund zu haben, erkannte sie, um wen es sich handelte, und bot ihr die Freundschaft an. Das Zwiegespräch zu beobachten, war sehr berührend. Tuna schaffte es dann auch, dass sich die große Graue vorsichtig im Auto voranrobbte und beide Tiere Nase an Nase Kontakt aufnahmen. Auf diese Weise lockte sie die Graue heraus, allerdings kam die Hündin nur, um sich danach in geschützten Ecken zu verschanzen.

Als sie sich mir das erste Mal vorsichtig von hinten näherte, saß ich auf einer Gartenliege und spürte eine flüchtige, nasse Berührung am Arm. Ich drehte mich um und sah eine graue Riesin zurückpreschen, erschrocken über ihren eigenen Mut ... Meine Augen wurden feucht. Zu dem Zeitpunkt waren schon Wochen vergangen – aber von da an begann ganz zaghaft etwas zu wachsen, was sie nicht kannte: Vertrauen. Allerdings blieb sie Menschen gegenüber bis an ihr Lebensende zurückhaltend. Auf Hunde dagegen ging sie immer freundlich zu, obwohl sie in ihrem alten Rudel die Schwächste war, stets vom Futter verjagt wurde und einzeln gefüttert werden musste.

Eines Tages kam Kaya zu uns, eine Kelpiehündin zweistelligen Alters. Kaya war souverän, besonnen und äußerst klug. Es bestand nie ein Anlass, dass sie sich gegen Guerrera durchsetzen musste, aber es schien ihr ein Vergnügen zu sein, die große Graue immer wieder zu maßregeln. Diese nahm es stets hin, sie war es nicht anders gewohnt. Arthos war zu dieser Zeit schon über den Regenbogen gegangen und sein junger Nachfolger Iman vervollständigte unser Rudel. So mancher Spaziergang mit den dreien wurde immer wieder von Kayas Übergriffen überschattet – und so manches Mal wies ich sie zurecht. An einem schönen Sommertag jedoch, als die große Guerrera wieder einmal von Kaya gedeckt und wie von einer Aufseherin eskortiert wurde, geschah es. Guerrera drehte sich plötzlich um und stellte sich drohend vor die völlig überraschte Kaya hin. Ich war ratlos, ob ich eingreifen sollte oder nicht. Daher sah ich mir den Verlauf der Begegnung zunächst an und hielt den jungen Rüden fest, der sich mit Begeisterung einmischen wollte. Die beiden ungleichen Hündinnen hatten eine richtige Auseinandersetzung, in der die alte Kaya nicht bereit war nachzugeben. Sie, die Kopfstarke, musste sich von der Schwachen unterordnen lassen? Die alte Hündin mit den maroden Knochen hatte allerdings nicht lange etwas dagegenzusetzen und musste sich ergeben. Guerrera – die ich nur ein einziges Mal so erlebte – trabte neben der alten Hündin her, hielt den Kopf drohend über sie und trieb sie zu unserem Wagen, entschlossen, tänzelnd, ohne einmal aufzublicken.

Ich hielt den Atem an. Es war ein unglaublicher Moment: Was ich sah, war eine richtige Kriegerin, die ihre Gefangene abführte ... In den nächsten Tagen ordneten sich die Verhältnisse wieder wie gewohnt, nichts hatte sich durch den Vorfall verändert. Guerrera war einfach der Kragen geplatzt und sie hatte sich Luft verschafft. Sie war Königin für nur einen einzigen Tag, unsere stille Kriegerin.

Guerrera lebte über 10 Jahre bei uns und erreichte ein erstaunlich hohes Alter, knapp 13. Sie bleibt unvergessen, unsere Queen Mum.

Das Geheimnis

Marion Trost

Seitdem ich mich von Toby, einem wunderschönen Mischlingsrüden, habe trennen müssen, wollte ich nie wieder mit einem Hund so eng verbunden sein. Noch einmal einen treuen Freund für immer verabschieden zu müssen, schien mir ein unerträglicher Gedanke, den ich rigoros ins Jenseits verbannte. Aber lassen Gefühle sich wirklich programmieren? Eine Antwort darauf sollte mir nicht lange vorenthalten bleiben.

Es war Mitte April, als ich mit meiner Mutter zu einer Bekannten fuhr. Nicht ahnend, was mich dort erwarten würde, folgte ich ihr auf das Grundstück, obwohl ich eigentlich vorhatte, im Auto zu warten. Zügigen Schrittes steuerte sie gleich eine neben dem Wohnhaus gelegene Stallung an. Dabei winkte sie mich aufgeregt heran. Was sollte es an diesem Ort schon geben, das mich interessieren könnte?

Kaum war ich näher getreten, wurden meine Augen immer größer. Da tummelten sich doch tatsächlich vier kleine Hundekinder direkt vor meiner Nase; eines war putziger als das andere. Inzwischen hatte sich auch die Bekannte zu uns begeben. Wir erfuhren, dass bereits zwei der liebenswerten Racker vermittelt waren. Blieben noch zwei übrig. Ich wagte direkt zu fragen, was mit den anderen beiden geschähe, wenn es nicht gelingen würde, ein paar gute und geduldige Hände zu finden. Sie kämen dann wohl ins Tierheim, lautete die niederschmetternde Antwort.

In jener Nacht wälzte ich mich lange hin und her, an Schlaf war nicht zu denken. Deshalb stand ich kurzerhand wieder auf und dachte nach, ob mir vielleicht jemand einfiel, der einen Hund suchte. Jemand, der es auch wirklich gut meinte. Jemand, dem bewusst war, dass auch Hunde eine Seele in sich tragen. Ich wollte auf keinen Fall, dass diese jungen Vierbeiner im Tierheim aufwachsen sollten. Am nächsten und darauf folgenden Tag besuchten wir die kleinen Strolche erneut und es fiel uns immer schwerer, irgendwann auch wieder gehen zu müssen. Besonders die schwarze, kugelrunde Mischlingshündin hatte es uns angetan. Ich ahnte natürlich längst, dass meine Mutter ihr Herz an sie verloren hatte. Heute weiß ich, dass zu jener Zeit ähnliche Gefühle auch in mir erwacht waren. Es kam, wie es kommen musste. Wir adoptierten die Hündin und hätten auch ihre braun-weiße Schwester mitgenommen, wenn nicht kurz zuvor ein nettes Paar aufgetaucht wäre und gleich seine Sympathie bekundet hätte. Die kleine, aufgeweckte, schwarze Jule zog an einem sonnigen Mainachmittag bei uns ein. Neugierig und selbstbewusst startete sie gleich ihre ausgiebige Erkundungsreise. Klar, es gab viel zu entdecken, im Garten und ebenso im Haus. Mit freudig wedelnder Rute beäugte sie aus einiger Entfernung die gackernden Hühner, die im grünen saftigen Gras umherstolzierten und sich ausdauernd um einen dicken Wurm stritten. Anfangs wich unser kleiner Vierbeiner erschrocken ein paar Schritte zurück, sobald der Hahn anfing zu krähen. Doch die selbstbewusste Jule gewöhnte sich sehr schnell an die anfänglich ungewohnten Klänge, die sie hier und da aufschnappte. Abends, wenn sich der Tag dem Ende neigte, kuschelte Jule sich zufrieden ins Körbchen und beobachtete zufrieden von dort aus, was die Rudelmitglieder noch alles zu erledigen hatten. Ohne es bewusst gesteuert zu haben, hatte ich plötzlich eine vierbeinige Freundin, die mich regelmäßig zum Joggen begleitete.

Eines Nachts, der Sommer hatte uns fest im Griff und meine Eltern waren übers Wochenende verreist, fuhr ich abrupt aus dem Schlaf hoch. Es dauerte einen Augenblick, bis ich begriff, dass Jule unruhig mit der Pfote an der Tür kratzte, dabei winselte und somit anzeigte, dass sie unbedingt mal raus müsse. In der Annahme, sie wolle ihr Geschäft verrichten, folgte ich ihr auf den Hof. Als sie aber unverzüglich nach hinten zum Garten bellte, durchfuhr mich sogleich ein kalter Schauer. Rasch holte ich eine Taschenlampe aus der Waschküche. Hoffentlich war noch nichts passiert! Kaum hatte ich das Tor, welches den Garten vom Hof trennte, geöffnet, hörte ich auch schon, wie die Zwerghühner aufgeregt umherflatterten und gackerten. Panik ergriff mich. War es ein Marder, der sie so beunruhigte? Hatte er womöglich schon ein Tier gerissen?

Jule rannte laut bellend durch den Garten, ich eiligen Schrittes hinterher. Entsetzt stellte ich fest, dass ich tatsächlich vergessen hatte, am frühen Abend die Luke des Stalles zu schließen. War der Übeltäter womöglich da schon durchgeschlüpft? Ich musste etwas tun! Gerade als ich mit einem alten Besenstiel bewaffnet die Tür des Hühnerstalls öffnen wollte, tauchte neben dem Wasserfass der Schatten eines Tieres auf. So fest ich konnte, schlug ich mit der Stange auf die volle Tonne, was die Hühner zwar noch mehr erschreckte, aber der hungrige Jäger nahm sofort Reißaus. Jule bellte ihm noch eine Weile nachhaltig hinterher, bis sie nach mehreren Minuten davon überzeugt war, dass von ihm keine Gefahr mehr ausging. Nachdem ich die Hühner gezählt hatte, stellte ich erleichtert fest, dass alle wohlauf waren; außer der kurzzeitigen Aufregung, der sie ausgesetzt waren, fehlte ihnen offensichtlich nichts weiter. Laut seufzend ließ ich mich anschließend auf dem Rand eines Blumenkübels nieder. Im Hühnerstall kehrte erst allmählich wieder Ruhe ein.

Meine Vergesslichkeit hätte wirklich böse enden können. Ich mochte mir überhaupt nicht ausmalen, was geschehen wäre, wenn ich Jule nicht gehabt hätte. Voller Dankbarkeit streichelte ich ihr flauschiges, schwarzes Fell. Dieses Erlebnis schweißte sie und mich noch enger zusammen. Gemeinsam beschlossen wir, meinen Eltern nichts von dem Vorfall zu erzählen. Wir hatten also unser erstes Geheimnis, das wir noch immer hüten wie zwei beste Freundinnen. Und genau das sind wir! Für nichts in der Welt würde ich Jule eintauschen wollen. Wenn sie mir in die Augen sieht, dann erkenne ich in ihrem klaren und aufgeschlossenen Blick, dass sie mir ebenso vertraut ist wie ich ihr.

Ob ich Toby vergessen habe? Ganz sicher nicht! Auch wenn er nicht mehr an meiner Seite ist, so trage ich die Erinnerung an ihn stets in meinem Herzen.

Mohrle

Anke Höhl-Kayser

Vier Wochen waren es jetzt her, seit Jens gegangen war. Anfangs hatte Yvonne die Stunden gezählt, dann die Tage, und nun hatte sie begonnen, die Wochen zu zählen. Irgendwann, wurde ihr bewusst, würde sie auch damit aufhören und einfach nur noch ohne ihn leben. Bis dahin würde die Trauer vergangen sein, der Zorn und dieses endlose Gefühl der Verlassenheit.

Aber das lag noch vor ihr. Zunächst musste sie jeden Tag aufs Neue mit der Leere kämpfen, die das Einzige war, das er in ihr hinterlassen hatte, und der Dunkelheit, die sie von dem Moment an umgab, wenn sie die Augen aufschlug, und die sie auch nachts in ihren Träumen nicht verließ. Die Einsamkeit war wie ein Tsunami über sie hinweggerollt und sie war kurz vor dem Ertrinken. Rückblickend fragte sie sich später viele Male, wann der Moment gewesen war, als sie die Idee hatte, das örtliche Tierheim zu besuchen.

Es schien ihr in ihrer Situation seltsam verlockend und tröstlich, an einen Ort zurückzukehren, an dem sie vor vielen Jahren als junges Mädchen ehrenamtlich gearbeitet hatte und in dieser Arbeit glücklich gewesen war. Mit Jens war das Thema Tiere aufgrund seiner Allergie schon gleich zu Beginn ihrer Beziehung vom Tisch, das Tierheim hatte sie nie wieder besucht. Vielleicht war der Wunsch, nun dorthin zu fahren, auch ein leises Aufbegehren gegen einen Verzicht, der ihr durch ihre Partnerschaft auferlegt worden war? Im Grunde spielte es keine Rolle, warum sie dieses Ziel gewählt hatte. Überhaupt ein Ziel zu haben, das war wichtig und machte ihr an diesem Tag das morgendliche Aufstehen erheblich leichter. Die Fahrt zum Tierheim dauerte eine halbe Stunde und je weiter sie sich von ihrem Zuhause entfernte, das sie in den vergangenen vier Wochen kaum verlassen hatte, desto freier atmete sie. Sie nahm die Morgenluft wahr, als sie aus dem Auto stieg, den würzigen Geruch frisch gemähten Grases und die bereits intensiv duftenden Blumen, die einen warmen Tag ankündigten. Es ist Sommer geworden, dachte sie verwundert. Eine eigenartige Vorahnung bemächtigte sich ihrer und sie wusste nicht, warum.

Die Tierheimleiterin, Frau Zettler, die sie noch von früher kannte, begrüßte sie herzlich und erklärte sich nach kurzem Geplauder bereit, sie durch die Tierhäuser zu führen, obwohl die eigentliche Zeit für Besucher erst nachmittags war. „Schau nur, wie viel sich bei uns verbessert hat", sagte sie, „das wunderbare neue Katzenhaus, der große Auslauf für die Hunde, die einzelnen Boxen haben einen Ausgang ins Freie und sind doppelt so groß wie früher." Yvonne schaute und staunte. Alles hatte sich verändert, selbst der stickig scharfe Geruch, der ihr die Arbeit im Hundehaus oft verleidet hatte, war fast völlig verschwunden. Hier roch es jetzt gelüftet und frisch geputzt. Die Boxen waren im Vergleich zu früher riesig, sie wirkten wohnlich und hatten nicht mehr diese sterile Tierklinik-Atmosphäre wie damals. Die verschiedensten Körbchen standen darin; Kissen, Spielzeug und Kauknochen lagen auf dem Boden und alles war blitzblank. Nur eines hatte sich nicht verändert: Die Augen der Hunde, die sie zwischen den Gitterstäben hindurch ansahen, hatten immer noch denselben verlorenen Ausdruck.

Die meisten der Hunde bellten sie an, als die beiden Frauen zwischen den einzelnen Boxen hindurchgingen. Es waren Hunde aller Größen, in der Mehrzahl Mischlinge, viele waren offensichtlich südländischer Herkunft und so undefinierbar gemischt, dass sie schon fast einer Rasse hätten angehören können. Ihr Blick verriet, wie viel sie an Elend schon gesehen hatten, erweckte aber gleichzeitig auch den Eindruck, dass sie sich nicht unterkriegen lassen wollten. Bei einer Box war Yvonne schon fast vorbei, als sie stehen blieb und noch einmal zurückging. Der Hund darin war klein und schwarz und eindeutig zu dick. Er saß rechts in einer Ecke neben seinem Korb und bellte nicht. Er hatte einen im Verhältnis zu seinem Körper überproportional großen Kopf mit riesigen hervortretenden Augen und einer sorgenvoll gefurchten Stirn. Yvonne sah ihn an, er schaute zurück, und sein Blick ging ihr mit einem Mal mittendurch bis ins Herz.

„Was ist das denn für einer?", fragte sie die Tierheimleiterin. „Ich hab ja schon viele traurige Hundeaugen gesehen, aber solche noch nicht."

Frau Zettler lachte. „Ja, die kann gucken", erwiderte sie. „Das ist unsere Mohrle, ein Mops."

„Ein Mops?", fragte Yvonne. „Ich dachte immer, Möpse wären sandfarben!"

„Es gibt auch schwarze", sagte Frau Zettler. „Sie hat sogar einen Stammbaum."

„Warum hat man sie abgegeben?", wollte Yvonne wissen.

„Ach du weißt ja", seufzte die Tierheimleiterin. „Es ist immer dasselbe. Allergie. Umzug. Trennung. Ich glaube, Mohrles Herrchen hatte eine Allergie, Annette kennt die Unterlagen besser als ich. Aber Mohrle ist auch nicht ganz gesund, sie hat viel mit Schnupfen zu tun, das ist rassetypisch, und außerdem hat sie ein Herzproblem. Dabei ist sie erst fünf. Sie ist jetzt schon vier Monate bei uns, und niemand will sich die Verantwortung aufladen."

Die Frauen gingen weiter und setzten den Rundgang durch das Tierheim fort. Aber Yvonne war nur noch halb anwesend. In Gedanken stand sie immer noch vor der Box mit dem kleinen schwarzen Mops und erwiderte dessen Blick. Tief in ihrem Inneren hatte etwas zu vibrieren begonnen. In dieser Nacht waren ihre Träume nicht dunkel. Sie leuchteten im Sonnenlicht, sie dufteten nach gemähtem Gras und Sommerblumen, und in diesen Träumen schauten zwei riesige, fragende Augen sie unentwegt an. Als Yvonne am Morgen erwachte, hatte sie das Gefühl, aus tiefem Wasser aufgetaucht zu sein. Die gummiartige Zähigkeit der vergangenen Tage war vergessen. Plötzlich konnte alles nicht schnell genug gehen: Fünf Minuten duschen. Nicht föhnen, nur mit dem Kamm durch die Haare. Zahnmedizinisch unverantwortlich rasantes Zähneputzen. Keine Zeit fürs Frühstück. Ohnehin ausreichend Hummeln im Bauch. Ins Auto. Keine Geduld für Tempolimits. Jede einzelne rote Ampel verflucht (und es waren zweifellos heute mehr als sonst). Und dann endlich angekommen.

Frau Zettler stand im Auslauf mit zwei weiteren Angestellten und spielte mit den Hunden. Yvonne, die über den Parkplatz gesprintet war, hatte kaum Luft für eine Begrüßung.

„Wo ist Mohrle?"

„Ach du liebe Zeit!" Die Tierheimleiterin schlug die Hände zusammen und begann zu lachen. „Sag bloß, dich hat's erwischt! Gott, das würde mich freuen für die Kleine."

Mohrle saß aufgerichtet in ihrer Box wie gestern, diesmal jedoch näher am Gitter, als erwarte sie etwas. Als Frau Zettler die Tür aufschloss, stand sie auf. Yvonne hockte sich vor sie hin und merkte zu ihrer eigenen Verblüffung, dass ihr die Hände zitterten und sie einen

Kloß im Hals hatte. „Hallo, Mohrle", sagte sie leise. Mohrle schaute ihr in die Augen, wiederum mit diesem Blick, der ohne viel Federlesens bis ins Herz ging, dann kam sie langsam auf Yvonne zu. Sie schnupperte vorsichtig und sehr lange an Yvonnes ausgestreckten Händen, dann legte sie ihr plötzlich mit einer entschlossenen Bewegung das Kinn aufs Knie. Erst jetzt sah Yvonne, dass das Ringelschwänzchen an dem runden Hinterteil ganz leise, dann immer entschiedener zu wackeln begonnen hatte.

„Ich versprech dir was", sagte Yvonne zu Mohrle und wunderte sich nicht im geringsten, woher sie diese Gewissheit nahm, „du und ich, wir zwei werden nie wieder wegen eines Mannes traurig sein."

Ein neuer Hund kommt in unser Haus

Karin Oehl

Ein langes Jahr mit vielen Ereignissen und Verpflichtungen forderte seinen Tribut. Ferien waren angesagt. Eine Bekannte stellte uns dafür im Dollart ihr Häuschen zur Verfügung. Sie ist eine Tierfreundin, wir haben Tiere – klar, dass die Hunde mitgebracht werden durften. Es war herrlich: ein idyllisches Dörfchen, der weite Ausblick, die vielen Wildgänse auf den Wiesen. Die frische Luft tat so gut und auch die weiten Spaziergänge mit unseren Hunden, unserer uralten Zwergdackelin Susi und Ernie, dem freundlichen Griechen.

Auf einer morgendlichen Hunderunde sahen wir eine junge Frau mit einem herrlich glänzenden, wunderschönen schwarz-weißen Münsterländer. Die zwei waren wirklich ein Herz und eine Seele, das sah man. Unser schwarzer Ernie wollte, wie es seine Art war, mit der Hündin spielen. Diese war allerdings nicht begeistert darüber, brummte und versteckte sich hinter ihrem Frauchen. Das Frauchen bestätigte bald, was wir schon gesehen hatten: die Hundedame hatte vor gar nicht langer Zeit Junge bekommen. Wir kamen mit der Frau ins Gespräch und erfuhren, dass sie die Hündin aus einem Tierheim hatte. Sie stammte aus einem sehr starken Wurf von niederländischen Stabys – das sind kleine, schwarz-weiße Münsterländer, die die Niederländer in kleiner Stückzahl ausschließlich als Jagd-Gebrauchshunde züchten. Nach der Zuchtverordnung durfte die Hündin nur sechs ihrer Babys behalten. Alle anderen sollten vom Tierarzt getötet werden. Dieser jedoch gab sie an ein Tierheim, wo sie von den Mitarbeitern per Hand aufgezogen und schließlich vermittelt wurden.

Während der Läufigkeit ließ die frischgebackene Hundebesitzerin ihre Hündin nur in den eingezäunten Garten. Sie war der Meinung, dass dann nichts passieren könnte. Aber weit gefehlt – Nachbars großer Münsterländer überwand den Zaun spielend und tat das, was er für wichtig und richtig hielt: Er deckte diese Hündin. Tja, und nun waren die neun Welpen da. Mein Mann und ich hatten immer Tiere aus dem Tierschutz, uns aber oft gesagt: „Wenn wir noch einmal einen Hund bekommen, dann einen Welpen, einen Münsterländer." Wir machen viele Spaziergänge in Feld und Wald. Da wäre ein Münsterländer genau der richtige Begleiter. Und nun diese Begegnung! Sollte das ein Wink des Schicksals sein? Aber wir hatten doch schon zwei Hunde. Nein, drei wären zu viel, das ging nicht. Dennoch: Uns stach der Hafer. Man kann ja wenigstens mal gucken! Mal gucken? Es war doch klar, dass wir uns einen Welpen aussuchen und für uns reservieren lassen würden. Und das sollte offenbar tatsächlich so sein, denn ein halbes Jahr später starb unsere 15-jährige Dackeldame.

Nach wenigen Wochen kam ein Anruf der jungen Frau. Sie fragte, ob nicht wenigstens *wir* unseren Welpen holen könnten. So viele Leute hätten einen Hund von ihr haben wollen, alle wären abgesprungen. Und nachdem sie ein wenig herumdruckste, erfuhren wir, dass sie schwer zuckerkrank, ihr Freund als Fischer im Winter arbeitslos war, und das alles, wo sie doch das Haus gekauft hätten ... Mein Mann und ich fuhren sofort los und sahen das Dilemma. Die Kleinen hatten billigstes Welpenfutter bekommen und waren deshalb gar nicht gediehen; sie waren weder entwurmt noch geimpft. Die Wurfkiste roch nach Urin. Wir haben die junge Frau gefragt, ob sie uns vertrauen würde, und ihr angeboten, alle Welpen mitzunehmen und bei uns zu vermitteln. Das Geld würden wir ihr schicken. Sie war erleichtert und so kamen wir nicht nur mit einem Welpen heim, sondern mit acht, denn einen wollte sie selbst behalten. (Später erfuhren wir, dass dieser zum Wanderpokal geworden war.)

Unser erster Weg führte zum Tierarzt, wo die Jungen entwurmt und geimpft wurden. Es war unglaublich, wie schnell sie sich danach erholten. Mithilfe des Tierheimes kamen Interessenten zu uns, die ihren Hund aussuchten. Einer nach dem anderen ging von uns weg. Und immer machte ich mir Sorgen und fragte mich, ob ich wohl die richtigen Leute ausgewählt hatte. Wie mochte es den Hunden ergehen? Ein wunderschöner Rüde kam tatsächlich zurück, konnte aber gut neu vermittelt werden. Im vorigen Sommer starb ein Rüde durch einen Brand im Hause seiner Besitzer. Alle anderen Tiere sind noch bei ihren Menschen und werden geliebt. Die junge Frau wurde ein Jahr, nachdem wir sie kennengelernt hatten, von ihrem Freund tot aufgefunden.

Wir sind mit unserer Super-Jägerin glücklich geworden. So manches Mal hat sie uns interessante Beobachtungen möglich gemacht, aber auch das Herz still stehen lassen, wenn aus Versehen die Leine aus der Hand glitt und sie es als Signal auffasste, ihrem Jagdtrieb, den sie nun mal hatte, freien Lauf zu lassen. Münsterländer und ihre Abkömmlinge sind Jagdhunde und man sollte sich da keinen Illusionen hingeben. Natürlich kann man sie durch eine entsprechende Erziehung unter Kontrolle bringen. Ich warne aber vor Härte in der Ausbildung. Was hier gebraucht wird, sind Geduld und Konsequenz. Was man davon hat? Einen herrlich liebevollen Hausgenossen! Bei uns im Haus sind auch Katzen keine Beute, sondern Meutemitglieder und Freunde.

Münsterländer sind keine Stadt-Hunde. Sie wollen viel laufen und auch mental beschäftigt werden. Allen Leuten, die sich einen Hund wünschen, sei angeraten – vor allem, wenn es der erste Hund ist –, sich sehr gut mit den entsprechenden Rassemerkmalen des jeweiligen Tieres vertraut zu machen. Nur so kann ein Zusammenleben gelingen.

Wer einen Mischling nimmt, greift in die Wundertüte. Aber im Vertrauen: Ich habe es mehrfach getan und es waren immer Volltreffer – im Wesen und auch bezüglich der Gesundheit. Alle wurden sie Freunde fürs Leben und diese Bereicherung wünsche ich jedem Hundefreund, ganz gleich, ob er einen Rassehund oder einen Senfhund erwirbt. (Letzterer heißt so, weil viele ihren Senf dazugegeben haben.)

Nelly,
die „scharfe" Wachhündin

Stania Jepsen

Seit ich meine Katze Susi bei meiner Freundin Jana in Toronto zurückgelassen hatte, machte ich immer in Kanada Urlaub. Ich kam – wie jedes Jahr – ein paar Wochen früher, damit wir genug Zeit hatten, unseren Campingurlaub in den Rocky Mountains gemeinsam vorzubereiten. Meine Freundin wohnte in einer guten Villen-Gegend auf der West-Side der Großstadt in einem hübschen Haus mit ihrem Hund Nelly, den ich noch nicht persönlich kannte. Sie schrieb mir nur, Nelly wäre ein scharfer Wachhund.

Ich stand vor dem Haus und klingelte, es schien niemand zu Hause zu sein. So ging ich um das Haus herum in den Garten und versuchte, die Küchentür zu öffnen. Sie war geschlossen. In der Tür war ein viereckiges Schlupfloch ausgeschnitten, mit einer Schwingklappe, die man üblicherweise für Haustiere einbaut, damit sie selbstständig ins Haus hinein und wieder heraus können. Diese Klappe war allerdings so groß, dass sogar ich mich hindurchquetschen konnte. Janas Hund muss aber sehr groß sein, dachte ich für mich, während ich gleichzeitig annahm, die beiden seien Gassi gegangen. Ich öffnete die Küchentür von innen, holte mein Gepäck aus dem Garten und wollte es in das Gästezimmer bringen. Dabei musste ich an Janas Schlafzimmer vorbei.

Plötzlich hörte ich ein Schnarchen. Die Tür war leicht angelehnt, so klopfte ich und fragte leise: „Ist jemand da?" Und in der Tat: Es war jemand da! Als ich das Zimmer betrat, sah ich ihn. Ich sagte noch: „Wen haben wir denn daaa??" Im gleichen Moment bereute ich, die Frage ausgesprochen zu haben. Auf dem weiß bezogenen Bett befand sich ein Monstrum von Hund. Er lag auf dem Rücken, mit weit ausgebreiteten Pfoten, der riesige Kopf auf dem Kissen und der puschelige, lange Schwanz hing vom Bett herunter. Als er mich hörte, begann der Schwanz langsam zu wedeln und das Tier drehte seinen riesigen Kopf zur Tür. Ich wollte das Zimmer verlassen, wusste ich doch, in welch gefährlicher Situation ich mich befand. Der Hund kannte mich nicht, ich war für ihn eine Fremde. Aber ich konnte mich nicht rühren. Meine Beine waren eingeschraubt in Janas Parkett-Boden. Ich fühlte mich wie gelähmt. Mein Herz setzte aus; ich dachte, ich hätte es im Flugzeug vergessen. In diesem Moment sprang das Monstrum aus dem Bett und mit einem Satz legte es seine Pfoten auf meine Schultern.

Du bist tot!, dachte ich und bedauerte es gleichzeitig, nur so kurz gelebt zu haben. Der Schweiß stand mir auf der Stirn, man hätte darin baden können. Die Bestie fing an, mein Gesicht zu lecken. Mit einer riesigen Zunge, als wäre sie ein Waschlappen. Ich fiel kraftlos zu Boden. Der Hund legte sich halb auf mich und begann mit einem dröhnenden tiefen Bass zu bellen. Schließlich ließ er von mir ab und veranstaltete einen Indianerbegrüßungstanz um mich herum.

Ich stand auf. „Guten Tag, Nelly!", erwiderte ich die Begrüßung. Dabei sah ich mir Nelly genauer an. Sie war eine Neufundländer Hündin wie aus dem Bilderbuch. Das war also der „scharfe" Hund?! Ich war fast vor Angst gestorben – und Nelly freute sich riesig über meinen Besuch. Wir rannten zusammen in den Garten und tobten ausgiebig. Einmal lag sie auf dem Boden und ich auf ihr und dann war sie oben und ich wieder unten! Wir festigten unsere Bekanntschaft mit einer Fleischwurst, die ich Jana aus Frankfurt mitgebracht hatte, und warteten auf die Hausherrin.

Jana kam an diesem Tag ziemlich spät nach Hause und entschuldigte sich: Sie hätten Inventur gehabt. „Ich habe mir Sorgen gemacht, dass du vor dem Haus wartest", sagte sie zu mir.

„I wo", entgegnete ich, erzählte ihr die Geschichte mit Nelly und fügte hinzu: „Das nennst du einen scharfen Hund? Du musst ihn abrichten lassen, sonst klaut man ihn mitsamt dem Bett."

„Weißt du, wenn man diesen riesigen Hund ansieht und er fängt an zu bellen, bekommt jeder Angst", antwortete Jana ruhig.

„Ja, ja", sprach ich eher laut als leise, „wenn er anfängt …"

Die Tage vor der Abfahrt an den Fuß der Rocky Mountains verbrachte ich mit Nelly in lauter Freude. Wir waren beide verspielt und verfressen und schliefen gerne nach den Mahlzeiten in Janas frisch bezogenem Bett. Endlich kam Janas lang ersehnter Urlaub und wir fuhren los. Ein paar Tage später erreichten wir unser Ziel. Wir bauten ein Zelt für uns drei auf und nach einer Stärkung fielen wir todmüde in unsere Schlafsäcke. Nelly schnarchte so laut, dass unsere Zeltnachbarn dachten, ein Grizzlybär wäre in der Nacht zu Besuch gewesen. In den folgenden Tagen freundete sich Nelly mit einem kleinen Jungen an. Wir spielten mit den Eltern Karten und Nelly war die Babysitterin. Sie liebte den kleinen Buben so innig, dass sie ihn nicht aus den Augen verlor.

Wir mussten öfter Verpflegung holen, jede Woche wechselten wir uns ab. Einmal fuhr ich mit Nelly in die Stadt, um einzukaufen, ein anderes Mal fuhr Jana. Diese Woche war Jana an der Reihe. Sie nahm Nelly mit und ich blieb zurück beim Zelt. Der kleine Junge spielte mit einem Schiffchen am Ufer. Seine Mutter musste wohl mit irgendetwas abgelenkt gewesen sein und der Kleine fiel ins Wasser. Die Strömung dieses Flusses war ziemlich stark und riss das Kind mit sich. In diesem Augenblick kam Jana mit Nelly zurück. Nelly hörte die verzweifelten Rufe der Mutter. Sie erfasste schnell die schreckliche Situation und sprang ins Wasser, um den Jungen zu retten. Es gelang ihr, ihn zu schnappen und aus der starken Strömung an das wenige Meter entfernte Ufer zu ziehen.

Nicht weit von unserer Gruppe tauchte ein Mann mit einem Gewehr auf. Er wusste nicht, was passiert war, sah nur den großen, schwarzen Hund, der ein kleines Kind am Ufer hin und her zerrte. Er dachte wohl, dass der Hund das Kind angegriffen hätte, und ohne lange zu überlegen, schoss er! „Nelly!!! Nelly!!!", schrie ich und rannte zu meiner verletzten Freundin. Sie lag im Gras und ihr nasser Körper zitterte. Ich umarmte ihren großen Kopf und betete. „Bitte verlass mich nicht …" Doch Nelly starb in meinen Armen. Für mich brach die ganze Welt zusammen. Die restlichen Urlauber beschimpften den schießwütigen Mann. Ich bemerkte davon nichts mehr. Nach diesem Schock war unser Urlaub zu Ende. Wir legten Nelly in eine große Kiste in den Kofferraum unseres Autos und fuhren weinend nach Hause. Niemals hätten wir sie in der Fremde zurücklassen können. Wir begruben sie in Janas Garten unter einem großen Baum.

Nie zuvor bin ich mit solch einem schweren Herzen von Kanada nach Hause gefahren. Auf Wiedersehen, Nelly. Irgendwann. Irgendwo.

Der Schürzenjäger

Christa Wright

Valérie steuerte einmal wieder ihre ureigene Mittelmeerinsel an, einen selbst erwählten Ruhepol, der ihr eine, wenn auch nur kurze Erholung bot, wenige gestohlene Minuten in einem von Hetze und unermüdlichem Fleiß getriebenen Leben. Dieses Mal hatte sie das ihr vertraute Schlossparkcafé gewählt, in dem man des Winters am gräflichen Kamin sitzen und in uralten gräflichen Büchern schmökern oder genüsslich die Tageszeitung lesen konnte, begleitet von einem heißen Grog oder einer Tasse duftender Schokolade mit einem köstlichen Sahnehäubchen obenauf.

Jetzt aber war Sommer und draußen herrschte reges Treiben: Familien mit frisch geputzten, gut geölten Fahrrädern und lärmenden Kindern, ältliche Rennradfahrer, die, hineingezwängt in gestyltes Outfit, das Jüngeren besser zu Gesicht bzw. zur Figur gestanden hätte, und angetrieben von dem Ehrgeiz, einem eventuell wegen Übergewichts drohenden Herzinfarkt zu entkommen, geradewegs mit hochroten Köpfen in diesen hineinradelten, zuvor aber nun in eben jenem Schlossparkcafé eine Ruhepause einlegten, um ein kühles Bier zu trinken.

Valérie nahm alle diese Menschen eigentlich nur am Rande wahr und setzte sich an einen freien Tisch inmitten des Getümmels. Ihr gegenüber saß, auch allein, ein grau melierter, älterer Herr, dessen Gesicht ein mächtiger Schnauzbart zierte und neben dem ein grauschwarzer Hund saß, der einen ebensolchen prächtigen Schnurrbart im Gesicht trug. Valérie wickelte die Leinen ihrer beiden kleinen weißen Terrier um die Armlehne eines Stuhles und streckte ihr Gesicht der Sonne entgegen, schloss die Augen, spürte in ihre Stille hinein und der Lärm um sie herum löste sich in ein willkommenes, wohltuendes Nichts auf. Sie erschnupperte das Aroma frisch gebrauten Cafés und des hausgebackenen Kuchens, unter das sich der intensive Duft des Heckenrosenstrauches mischte, neben dem ihr Tisch stand. Ihre beiden Hunde, Cléo und Carlos, auch sie schon ein wenig älter, lagen ihr träge zu Füßen, erschöpft von dem zweistündigen Spaziergang in der Sommerhitze.

Plötzlich wurde Valérie jäh aus ihrem kontemplativen Zustand gerissen. Die Ereignisse überschlugen sich, sie nahm alles gleichzeitig wahr, als sie ihre Augen öffnete: Der Rüde schoss unter dem Tisch hervor, vor dem die Bedienung stand, ein junges Mädchen mit einer langen, roten Kellnerinnenschürze über ihrer Jeans, das nach ihren Wünschen fragte. Das Ende ihres Satzes: „Was darf ich Ihnen …?" ging unter, als der Hund, von einem grollenden Knurren begleitet, in die verführerische Schürze hineinbiss. Die Zeit blieb für Sekunden stehen. Valérie kam sich vor wie in einem Film, der plötzlich in Zeitlupe übergeht, dann völlig anhält, um schließlich rasend schnell weiterzulaufen. Um sie herum waren auch alle anderen Lokalbesucher kurzzeitig zusammen mit Hund und Schürze erstarrt, gerieten jedoch augenblicklich wieder in hektische Bewegung. Valérie riss den Hund an der Leine zurück, das Mädchen schrie, sie sei gebissen worden, wies mit zitternder Hand auf den geifernden Unhold und rieb sich mit schmerzverzerrtem Gesicht den Oberschenkel. Eine weitere Kellnerin stürzte aus dem Haus, gefolgt von einer dritten; alle trugen die verführerischen, langen, roten Schürzen und kamen Valéries Tisch gefährlich nahe. An den umgebenden Tischen ereiferte man sich; manch einer suchte vielleicht schon nach einem Gewehr, um die tollwütige Bestie abzuknallen. Diese hatte sich mittlerweile wieder friedlich unter den Tisch zurückgezogen, blinzelte ab und zu mit einem Auge und fiel sogleich in einen – sicher von roten Schürzen erfüllten – Traum. Die aufgebrachte Außenwelt schien ihn nicht mehr zu tangieren. Valérie aber blieb sitzen, regungslos und um Atem und Fassung ringend. Feindselige Blicke trafen sie von allen Seiten, Männer nahmen ihre Kinder fest an die Hand, andere verließen mit Kinderwagen und Dreirad fluchtartig das Schlossparkcafé, Familien, die beim Eintreten die grauenhafte Szene miterlebt hatten, besannen sich eines Besseren und machten auf dem Absatz kehrt.

Die ältere Kellnerin setzte alles daran, das junge Mädchen, das hemmungslos schluchzte, zu beruhigen und giftete Valérie an: „Sie muss sofort ins Krankenhaus, wagen Sie sich nur nicht von der Stelle, Ihre Personalien müssen aufgenommen werden!" Valérie sah sich bereits in Handschellen zur nächsten Polizeistation abgeführt, fasste sich aber sogleich ein wenig und antwortete tapfer: „Selbstverständlich warte ich auf das Ergebnis der – fast wäre ihr das Wort Obduktion entschlüpft – Untersuchung." Und rasch fügte sie hinzu: „Könnte ich bitte einen Kaffee bekommen, während ich hier warte?" Welchen Geistes war diese Frau, deren Hund gerade eine junge Schürze, Pardon, ein junges Mädchen angefallen und fast zerfleischt hätte! So schienen alle zu denken. Nun saß sie einfach da, kerzengerade, und verlangte noch nach einem Kaffee! Hatte sie etwa die Szene genossen oder gar ihren Hund aufs Schürzenjagen abgerichtet?

Die Unterhaltungen um sie herum wurden langsam gedämpfter. Valérie blieb sitzen, mit stoischer Miene, während allmählich eine immer höher werdende, unsichtbare Mauer zwischen ihr und den anderen Gästen zu wachsen begann. Sie erhielt keinen Kaffee, überhaupt wurde sie von den eilig umherlaufenden Kellnerinnen keines Blickes mehr gewürdigt. Sie hatte die Pest, die Cholera, oder war sie von Lepra befallen? Einige Gäste zogen ihren Aufenthalt in dem Café in die Länge, danach gierend, endlich zu erfahren, ob das Bein der jungen Kellnerin vielleicht hatte amputiert werden müssen. Andere Gäste waren des Wartens müde geworden und hatten wiederum anderen Platz gemacht, die nicht das Geringste von dem erschütternden Drama ahnten, das sich hier abgespielt hatte.

Nach endlos dauernden 95 Minuten erschienen plötzlich die beiden Frauen wieder. Die junge Kellnerin war noch im Besitz aller ihrer Gliedmaßen und hatte auch keinen Schaum vor dem Mund. Sie schien gut gelaunt, ohne Schürze, aber immer noch in ihre makellosen Jeans gehüllt. Was war denn das? Kein dicker Verband, der den ganzen Oberschenkel zierte? Keine Nachwehen einer eventuellen Narkose, weil das aufgerissene Bein hatte genäht werden müssen? Valerie erhob sich zaghaft, schritt auf die junge Kellnerin zu und fragte behutsam: „Was haben die Ärzte festgestellt?" Die Antwort kam von der Kollegin, die wie eine Giftschlange züngelte: „Nichts, noch nicht einmal einen blauen Fleck!" Nur zwei winzig kleine Löchlein zierten die Schürze, in die sich die Hauer der Bestie eingeschlagen hatten. War Valérie oder besser ihr Monster jetzt in den Augen der Gesellschaft rehabilitiert? Gemessen an den Blicken und dem getuschelten Kommentar gewiss nicht. Valerie war für schuldig befunden worden. Die anderen Gäste ließen keine Gnade walten. Sie hatten ihr übel genommen, dass sie

Haltung bewahrt und tatsächlich auf die Rückkehr des Mädchens aus dem Krankenhaus gewartet hatte. Zudem hatte sie es gewagt, von Zeit zu Zeit die Bestie zu streicheln, anstatt sie standrechtlich an Ort und Stelle zu erschießen. Valerie erhob sich schließlich und verließ würdevoll den Ort der grauenhaften Tat. Noch im Hinausgehen traf sie eine folgenschwere Entscheidung: Sie wollte der Schürzenjagd auf den Grund gehen. Gab es nicht besonders begabte Menschen, die in der Lage waren, mit Tieren zu kommunizieren? Vielleicht könnte so ein Mensch Licht in diese dunkle Seite der Seele eines ansonsten immer pflegeleichten und fröhlichen Terriers bringen.

Ein Name, eine Adresse, eine Telefonnummer waren schnell gefunden. Die Tierkommunikatorin erklärte sich sogleich bereit, mit dem Schürzenjäger ein Gespräch zu führen. Eine Woche später meldete sie sich und wusste Erstaunliches zu berichten. Auf die Frage, wie Carlos das Verhältnis zu seinem Frauchen charakterisieren würde, hatte er feierlich zu Protokoll gegeben: „Frauchen ist mein Ein und Alles, ich fühle mich für sie verantwortlich. Ohne mich käme sie überhaupt nicht zurecht. Meine Lebensaufgabe ist es, sie zu beschützen!"

Die nächste Frage musste natürlich lauten: „Warum beißt du fremde Leute?"

Die Antwort war mehr als einleuchtend: „Ich versuche, den Raum um mich und mein Frauchen frei zu halten, damit wir auf unserer kleinen Insel ganz für uns sind und das Durcheinander um uns herum uns nicht erreicht. Außerdem kann ich fremde Menschen nur noch schwer einschätzen. Früher hat mir das nicht so viel ausgemacht, aber jetzt bin ich nicht mehr so belastbar. Ich sehe Bedrohungen, wo keine sind, ich bin dünnhäutiger und besorgter als früher."

Das Gespräch wurde immer faszinierender. Der Hund wurde gefragt: „Fühlst du dich Menschen gegenüber unterlegen oder überlegen?"

„Ich fühle mich gleichwertig. Ich bin eine Persönlichkeit, die einen gewissen Raum auf dieser Erde für sich in Anspruch nimmt. Und nichts anderes tun Menschen auch."

„Und was ist, wenn Mensch und Tier zusammenleben?"

„Dann müssen sie sich einen Raum teilen, und einer von beiden ist der Besitzer des Raumes, der andere der Gast."

„Was bist du in deinem Zuhause?

„Der Besitzer natürlich."

„Ist das nicht ein bisschen unverschämt?"

„Nein. Ich setze ja keinen vor die Tür. Ich mache nur jedem einzelnen klar, wie er sich zu verhalten hat."

„Und was ist, wenn du dich außerhalb deines Zuhauses aufhältst?"

„Ich trage meinen Raum mit mir herum und ich bestimme, wer zu mir darf und wer nicht."

„Und wenn dir jemand zeigt, wie du dich zu verhalten hast?"

„Pa, da beißt er auf Granit. Ich möchte nicht, dass jemand über mich bestimmt."

„Was ist daran so schlimm? Verletzt es dein Ego?"

„Nein. Aber für mich wäre das, als ob man die Welt auf den Kopf stellt. Es ist nicht richtig. Ich bin so etwas wie ein Monarch. Monarchen stürzt man nicht."

Das Geheimnis war gelüftet – die blutrünstige, boshafte Bestie war nur ein edler Ritter, der sein Frauchen beschützte, ein Monarch, der nicht gestürzt werden durfte.

Nach den Gesprächen mit der Tierkommunikatorin hat der Hund tatsächlich mit dem „Schürzenjagen" aufgehört. Es ist ihm erklärt worden, dass von den jeweiligen Bedienungen in Cafés und Restaurants keinerlei Bedrohung für sein Frauchen ausgeht!

Wuppi
Die Geschichte einer Beziehung

Helene Oehler

Ich mochte keine Pekinesen. Wuppi kaufte ich aus Erbarmen. Und das kam so: Fünf Tage zuvor hatte ich meinen ersten Hund einschläfern lassen müssen und weil ich noch eine Auskunft brauchte, ging ich in die Tierhandlung. Wuppi lag in einem Hundezwinger auf dem Rücken und fauchte: Ein langbeiniger, kräftigerer Welpe hopste auf ihrem Bauch herum. Ich erfuhr, dass sie fünfeinhalb Monate alt war, auf einem Auge blind und niemand sich bisher für sie interessiert hatte.

„Die beiden kann man doch nicht beieinander lassen", stellte ich fest, „die muss man trennen."

Inzwischen war ich an das Gitter herangetreten.

„Soll ich Ihnen die Kleine herausreichen?", lautete die seltsame Erwiderung.

„Nein, ich kaufe keinen Hund." Wuppi wurde auf den Boden gesetzt. Ein größerer grauer Maulwurf begann zu laufen. „Sie ist wirklich putzig! Und Sie machen das sehr geschickt, aber ich kaufe keinen Hund." Wortlos wurde mir das kleine Wesen jetzt an die Brust gedrückt. Das Hundekind schmiegte sich dicht und warm an meine weiblichen Unebenheiten. Ich stand eine Weile wie angewurzelt da, und dann war es um mich geschehen! Ich nahm Wuppi mit, ohne Geld – das lieferte ich später nach – und ohne Willkommensvorbereitungen zu Hause. Es folgten zehn Jahre wolkenlosen Glücks voller Freude, Zuneigung und Zärtlichkeit.

Das Wesen Wuppis bestand aus Liebe. „Wenn die Kleine keine Liebe bekommt, geht sie ein", urteilte meine hundeerfahrene Freundin. Und das stimmte. Innerhalb ihres fast elf Jahre währenden Lebens gab es nur zweimal Missverständnisse zwischen uns. Sie endeten jedes Mal mit einer Katastrophe für den Hund. Der erste Vorfall passierte, als Wuppi fünfeinhalb Monate alt war. Sie war als Welpe sofort stubenrein, und das war eine beachtliche Leistung für solch ein junges Tier, welches zudem noch innerhalb ihrer ersten drei Wochen mit mir drei Wohnungswechsel durchmachen musste: Wien, Schönau und wieder Wien. Nach Wien zurückgekehrt, lief sie mir eines Tages vor meine Füße. Ich wäre fast gefallen und fuhr sie ärgerlich an. Kurz darauf sah ich eine kleine Lache auf dem Parkettfußboden, ihre erste überhaupt! Ich schimpfte mit ihr, daraufhin machte sie eine zweite Pfütze und ich schimpfte wieder. Dieser Vorgang wiederholte sich insgesamt fünfmal. Da stimmt doch was nicht, dämmerte es mir endlich. Was sollte ich tun? Ich rief Wuppi zu mir und sprach in ruhigem Ton auf sie ein. Und siehe da – vorbei war es mit den feuchten Bescherungen. „Das waren Protesthandlungen", interpretierte eine Tierärztin. Protesthandlungen? So etwas lag nicht im Charakter meiner kleinen Wuppi. Nein! Verzweiflung, pure Verzweiflung war die Ursache. Der Hundehimmel war eingestürzt für Wuppi, kein Boden war mehr unter ihren Pfoten. Als der zweite Vorfall passierte, war Wuppi bereits recht krank. Ich hatte ihr unmittelbar hintereinander viererlei Fleischmahlzeiten gekocht und angeboten. Sie nahm nichts. So verwöhnt braucht sie nicht zu sein, dachte ich, steckte sie wortlos ins Vorzimmer und zog die Tür hinter mir zu. Doch nachdem auch nach einer Weile kein „Wuff, ich will hinein" kam, ging ich nachschauen. Die Kleine lag nicht – wie üblich und von mir erwartet – in ihrem weichen warmen Körbchen an der Tür zum Flur. Nein, sie hatte sich dicht an die harte kalte Tür gedrückt, hinter der ich mich befand, reagierte nicht und hatte auch nicht gewagt, sich bemerkbar zu machen. Ohne Rebellion, still leidend und stumm duldend hatte sie den Liebesentzug hingenommen, schicksalsergeben und treu. Da schossen mir Tränen des Wehseins und der Reue in die Augen und ich hob meine Kleine vorsichtig, ganz vorsichtig und zärtlich zu mir empor. Was sich in solchen Momenten zwischen zwei Individuen ereignet, weiß ich nicht. Wird vielleicht die Bindung noch tiefer? Jedenfalls löste die Hündin sich allmählich aus ihrer Apathie und wurde wieder meine fröhliche, interessierte Wuppi, die mir meine Hände leckte.

Wuppi ging mit keinem Menschen mit, selbst wenn sie ihr bekannt waren. Die einzige Ausnahme war meine Freundin. Jedoch auch bei ihr bedurfte es einer stufenweisen Gewöhnung, bis Wuppi sie akzeptierte. Die letzte Strecke des Spazierganges lief meine Pekinesenschönheit stets voraus, um möglichst schnell bei mir zu sein. Und die Begrüßung fiel immer so aus, als hätte sie mich nach ganz langer Zeit wiedergefunden.

Eines Sommers saßen Wuppi und ich auf der Bank vor unserem Haus und warteten auf den „Von-Tür-zu-Tür-Dienst", der uns in den

Urlaub aufs Land fahren sollte. Als das Auto eintraf, half ich beim Einladen des Gepäcks. Meine Kleine beobachtete von ihrer Bank aus, wie ein Gepäckstück nach dem anderen im Auto verschwand und wie das Frauerl mit dem Fahrer sprach, aber nicht zu ihr zurückkehrte. Da begann Wuppi zu schreien – in einem Ton, der mir durch Mark und Bein ging und der mich noch lange verfolgte. Sie hatte wohl angenommen, ich hätte sie vergessen. Unendliche Angst und Hilflosigkeit waren die Gründe ihres Schreiens. Nein, meine Kleine! Geld, Pass und auch den Kopf vergesse ich zuweilen, aber dich – niemals! Man kann sich vorstellen, mit welcher Innigkeit ich Wuppi an mich drückte, als ich ihr ins Ohr flüsterte: „Du bist ein kleines dummes Äffchen."

Wie schon erwähnt: Ich mochte keine Pekinesen. Meine Eltern – Bauernkinder – hatten mir eingeimpft: „Pekinesen und Möpse haben keine Schnauzen. Sie sind gar keine richtigen Hunde." Nun besaß ich aber einen Pekinesen. Hundefreunde und Kenner dieser Rasse hatten mir immer wieder versichert, Wuppi sei eine Pekinesenschönheit. „Ach was, die reden dir nach dem Mund, die wollen dir schmeicheln", kommentierte ich die Urteile für mich. Eines Tages spazierten wir in Schönau auf dem sogenannten Butterbrot-Weg. Wuppi lief voraus, wendete, setzte sich dann hin und sah mich an. Ich betrachtete sie und wie ein Blitz traf mich die Erkenntnis: Mein Gott, die ist ja wirklich schön! Zum ersten Mal war ich richtig stolz auf meine Wuppi und von nun an blickte ich die Entgegenkommenden lächelnd, ja sogar herausfordernd an in der Gewissheit, sie würden mich zu meinem Hund beglückwünschen. Was genau war es, das mein jahrzehntelanges Vorurteil aufweiche und schließlich zum Kippen brachte? Jeder Hundebesitzer liebt eine andere Besonderheit seines Hundes, sei es nun das Fell, die Gestalt oder eine bestimmte Eigenart der jeweiligen Rasse; bei mir war es wohl das berühmte Lorenz'sche Kindchen-Schema: runder Kopf, hohe Stirn, kleine Nase und große, runde, nach vorn gerichtete Augen. Genauso sah Wuppi aus.

Was auch immer Wuppi tat, tat sie aus Liebe und großem Vertrauen zu mir. Sie folgte mir auf Schritt und Tritt und ließ selbst von fremden Ärzten alles mit sich machen, wenn ich bei ihr war. Angst kannte sie in solchen Augenblicken nie. Nur ihre Neugierde, die konnte sie nicht besiegen. Sie lief zu jedem parkenden Auto, um zu schauen, ob jemand ausstieg. Zu jeder Ecke stürmte sie, weil sie wissen wollte, wer des Wegs kam, und wenn irgendwo eine Wohnungstür offen stand, war Wuppi sofort hindurchgeschlüpft. Zum Glück lachten alle Beteiligten immer und es gab nie ernsthaften Streit. Eine besonders ausgeprägte Eigenschaft Wuppis war ihr Mut. Meine Freundin und ich fuhren im Sommer regelmäßig ins Gebirge und machten dort Urlaub in einem Ort namens Rohr. Unser Vormittagsspaziergang führte an einer groß-flächigen Weide vorbei, wo die Kühe vereinzelt grasten, nicht als geschlossene Herde. Eines Tages standen zwei Kühe ziemlich dicht am Zaun. Meine Wuppi, damals noch ein Welpe und besonders klein geraten, lief voraus und setzte sich in die Nähe der Tiere vor den Draht-zaun. Ruckartig drehten sich die Kühe um und wandten sich meinem Hündchen zu. Daraufhin strömte die gesamte Herde wie auf ein geheimes Zeichen hin aus allen Richtungen zusammen. Es bildete sich ein enger Halbkreis von Kuhleibern vor meinem Pekinesenkind. Wuppi staunte nicht schlecht, als sie die Kolosse sah. Etwas derartig Riesiges hatte sie noch nie gesehen. Und diese Riesen fraßen auch noch Gras und rochen überdies so ganz anders als all die vertrauten Vierbeiner in der Stadt. Die Kühe senkten ihre Köpfe fast bis zur Erde. Offenbar vermochten sie nur aus dieser Perspektive meinen Hundezwerg wahrzunehmen. Nach einer Weile gegenseitigen Betrachtens kam die mutigste der Kühe an den Zaun und blies Wuppi ihren Kuhatem ins Gesicht. Da ließ meine Kleine ein leises Wuff erklingen; die Kuhfront legte ihren Rückwärtsgang ein, wendete und rannte schleunigst in die Mitte der Weide zurück. Wuppi war stolz auf ihren Erfolg.

Wuppi lebt inzwischen nicht mehr. Sie starb an Krebs, und auch ich habe mit meinen 89 Jahren nur noch bescheidene Lebensenergien. Einen Hund kann ich da auf keinen Fall halten. Außerdem könnte ich in diesem Alter auch keinen Verlust mehr verkraften, ich würde mich niemals davon erholen. Aber ich werde mich bis ans Ende meines Lebens nach meinem kleinen Hund sehnen.

Die Podengo Portugues Hündin Lucy

Hungertage

Helga Franziska Noack

Manchmal kann ein einziger Frühlingstag das ganze Leben sein. Für mich dagegen begann das Leben an einem Frühlingstag im letzten Jahr. Es rief mich jemand „Lucy". Mit diesem Namen fing meine Lebensfreude langsam wieder zu plätschern an wie ein warmer Regen im Mai. „Lucy", wie schön ... Endlich nicht mehr „Hau ab" oder „Verschwinde". Jetzt weiß ich: Das Glück ist noch ein wenig mehr als ein gefüllter Fressnapf.

Ein Ortswechsel gehört manchmal zur Überlebensstrategie dazu. Nachdem ich nur noch Haut und Knochen war und nicht einmal mehr als Bodyguard bei den Teletubbies getaugt hätte, landete ich auf der Flucht vor Hunger und Tritten in der Gegend am Leuchtturm. Hier gab es viele Katzen, einige Hunde und – euch. Ihr habt mich mit sanfter Stimme gelockt. Ihr habt mir eure Zeit geschenkt und mich aufgepäppelt. Ich bekam ein Halsband und so war ich bald, für alle sichtbar, kein herrenloser Köter mehr. Eure Zuneigung fühlte sich an wie einst das wärmende Fell meiner kleinen Podengo-Portugues-Mutter. Ich habe sie euch gedankt mit meinen tollsten Sprüngen, mauerauf und mauerab, und einem freundlichen Winken mit meinem Propeller.

Vor dieser Zeit begleitete mich das Magenknurren und trieb mich umher. An der Küste entlang über feste Erde und Steine ohne erfolgversprechende Fährten. Es geschah selten, dass ich ein Kaninchen aufscheuchte, ihm richtig nahe kam und es erbeutete. Ich lauerte auch Tauben auf, die mit lautem Geflatter in meiner Nähe landeten, bei meinen ungeschickten Sprüngen jedoch ebenso geräuschvoll und schwerleibig wieder aufstiegen. Dann saßen sie wie große Früchte in den Pinien und gurrten zu mir herab.

Ich gab lange nicht auf. Doch andauernd genarrt zu werden, machte mich ärgerlich, aber nicht satt. Was ich am Boden fand, waren oft nur eine weggeworfene Brotrinde oder Orangenschalen. Die allerdings schmeckten im Maul eklig und ich spukte sie nach kurzem Ankauen wieder aus. Manchmal fand ich eine Plastiktüte mit Küchenabfällen. Ich durchstöberte sie nach Fressbarem und leckte mir anschließend die verschiedensten Gerüche von den Pfoten. Meist jedoch blieben mir nur die Unruhe und der leere Magen.

Eines Morgens, nachdem ich an einem Stein unter der Aleppokiefer eine angespannte Nacht verbracht hatte, wachte ich mit schmerzendem Magen auf. Hunger lässt sich nicht wegschlafen. Da hörte ich Stimmen in der Nähe. Menschenstimmen, die sanft auf- und abstiegen. Angenehm. Ich rappelte mich hoch und machte mich mit schwachen, ungehorsamen Beinen in Richtung der Laute, vergaß dabei aber nicht, wachsam zu bleiben, um jedem Angriff ausweichen zu können.

Die Stimmen kamen aus einem Garten und der Wind trug mir einen Futtergeruch zu, den ich schon lange aus meiner Nase verloren hatte. Die Erinnerung und der Hunger standen hinter mir und schoben meine dünnen Beine auf das Grundstück.

Im ersten Augenblick wollte ich wieder weglaufen. Doch das Knurren meines Magens zwang mich zu bleiben und so schlich ich mit angelegten Ohren auf den Futternapf zu. Aus einem Blumenbeet hörte ich das Fauchen einer Katze. Ich blieb trotzdem und schaufelte mit hastigen Bissen das für die Katzen Bestimmte in meinen dünnen Körper hinein. Ich schlang so lange, bis die Schale leer und mein Magen schwer war.

Dann bemerkte ich den Mann. Erst als er sich langsam auf mich zu bewegte, floh ich aus dem Garten. Blindlings rannte ich auf das gegenüberliegende Gelände. Mein Schwanz wuchs vor Angst an der Bauchdecke entlang. Ein Mastixstrauch gab mir Deckung. Der Mann schickte mir seine sanfte Stimme hinterher. Langsam verließ er den Garten und kam auf das verwilderte Gelände. Ich rührte mich nicht. Er ging bedächtig und seine lockenden Worte kamen immer näher. Die Katze begleitete ihn, sie war gut genährt und ihr rotes Fell glänzte in der Sonne.

Als sie mir zu nahe kamen, sprang ich auf und floh im sicheren Abstand hinter eine Pinie. Wieder rief der Mann hinter mir her. Beruhigend und sanft. Anders, ganz anders als die Männerstimmen, denen Stiefeltritte in den Brustkorb oder Steine folgten.

Der Mann ging in die Hocke, senkte seinen grau behaarten Kopf und lockte in seinem Singsang weiter. Das gefiel mir und verstärkte das wohlige Gefühl des gefüllten Magens. Trotzdem stieg die Angst nicht ganz aus meinem kleinen, unterernährten Körper. Nach einer

Weile erhob ich mich. Ich spürte, dass von diesem Ort etwas Gutes ausging. Hier könnte sich etwas in meinem Leben wandeln. Ich entfernte mich, ohne jedoch an schnelle Flucht zu denken. Immer wieder sah ich mich nach dem Mann um. Auch er hatte sich erhoben, lockte aber weiterhin in meine Richtung.

Ich lief nicht allzu weit, nur bis zum Leuchtturm. Dort legte ich mich in die Sonne, zufrieden und ruhig. Von der Sättigung berauscht, dämmerte ich vor mich hin. Als ich Radfahrer in der Ferne sah, sprang ich auf, verzog mich hinter einen Felsen und blickte auf das Meer. Irgendetwas in mir sagte, dass ich meine langen Streifzüge beenden sollte. In dieser Gegend roch es nach Futter. Es war, als hätte der Himmel die Erde heimlich für mich geküsst.

In derselben Nacht schlief ich auf dem Gelände gegenüber dem Haus. Hier konnte ich alle Geräusche hören. Das Miauen von Katzen, das Bellen eines Hundes, den Motor eines Autos und die Unaufgeregtheit menschlicher Stimmen. Ich schlief ruhig und lange. Als die Sonne sich am nächsten Morgen aus der Decke des Meeres hüllte, lief ich über die Straße und blieb am Garteneingang stehen.

Dort duftete es noch intensiver nach Futter als beim ersten Mal. Von einer großen Schüssel drang der Wohlgeruch von Fleisch zu mir herüber. Ich näherte mich dem Napf, angespannt und wachsam. Dann begann ich zu fressen. Ich verschlang, was man für mich bereitgestellt hatte. Die Schüssel war schnell geleert. Da stand plötzlich die Frau an der Haustüre. Sie ging, wie gestern schon der Mann, in die Hocke und lockte mich mit einem Würstchen: „Lucy, Lucy, komm!" Ihr Köder zog mich an, doch dann kehrte die Anspannung in meinen Körper zurück. Ich steuerte in Richtung Ausgang und legte mich wieder auf dem Gelände gegenüber, diesmal vor den Mastixstrauch, in die Morgensonne.

Irgendwann kehrte ich zurück und trank aus einem bereitgestellten Eimer Wasser. Solange, bis mein Durst gelöscht war. Von Tag zu Tag wurde meine Wachsamkeit gelassener, ich verschlang nicht mehr, was in der Schüssel war, ich genoss. Dabei spürte ich, wie mein Schwanz immer fröhlicher in den blauen Himmel grüßte. Und eines Tages siegten auch das täglich ausgestreckte Würstchen und der sanfte „Lucy"-Ruf über meine Angst. Nur noch leicht geduckt näherte ich mich tapfer der Frau und holte es von ihrer flachen Hand. Die Tage des Hungers waren vorbei. Von da an streunte ich nicht mehr, sondern richtete mich im Gestrüpp nahe dem Haus mit dem gefüllten Fressnapf ein. Und ich freundete mich mit der Katze an, nicht aber mit dem Körbchen und der Hundehütte.

Ich mag diesen Ort und seine Menschen mit der sanften Stimme, ihre köstliche Mahlzeit, aber auch meine Unabhängigkeit. Vielleicht verstehe ich mich deshalb mit ihrer roten Katze so gut.

Beauty Queen auf Abwegen

Silke Walkstein

Ich mag meine Leinenführerin. Sie ist zwar nicht die, bei der ich lebe, doch mit ihr habe ich den meisten Spaß. Sobald die Autotür zuschlägt und sie mit leichten Schritten auf das Haus zukommt, um mich abzuholen, kann ich es kaum noch erwarten. „Ist ja gut, Pepples." Genervt stolpert mein Frauchen dann über mich, weil ich vor lauter Vorfreude hin- und herhechte. „Also, langsam möchte ich schon mal wissen, was du mit meiner Pepples anstellst, dass sie jedes Mal so ein Theater veranstaltet", stöhnt sie. „Es ist doch nur ein Spaziergang." Meine Leinenführerin zuckt mit ihren Schultern, greift nach der Leine und schnalzt leise mit der Zunge. Auf diesen Ton habe ich gewartet. Wie ein Blitz sause ich, vorbei an meinem Frauchen, auf das Auto zu. „Pepples", schreit Frauchen mir angsterfüllt hinterher.

„Keine Sorge, Frau Doktor. Ich passe schon gut auf sie auf."

„Pepples ist mein ein und alles, Charlie", haucht mein Frauchen sorgenvoll. „Sie ist der Star jeder Ausstellung. Wenn du willst, zeig ich dir gern einmal ihre ganzen Pokale."

„Pepples ist wirklich eine prächtige Pudeldame. Ich werde sie hüten wie meinen Augapfel. Versprochen. Aber im Moment wartet sie auf mich."

Skeptisch schaut mein Frauchen zu mir herüber. Artig sitze ich vor dem Auto und wedele fröhlich mit dem Schwanz. „Wuff", belle ich, „lass uns endlich fahren." Natürlich verstehen die Menschen unsere Sprache nicht. Aber es gibt einige wenige, die klug genug sind, um zu erahnen, was wir sagen. Und meine Leinenführerin ist eine von ihnen. Sie winkt noch einmal zurück. Schon ist sie bei mir, öffnet die Beifahrertür und mit einem Satz springe ich in den Wagen. „Wuff", belle ich wieder. „Genau", sagt sie und fährt los.

Der Park ist riesig. An einigen ganz bestimmten Stellen dürfen meine Artgenossen und ich frei herumtollen. Da ist Lupo, ein kleiner Terrier, der blitzschnell nach einer flachen Scheibe schnappt, die durch die Luft fliegt und die er apportiert. Und Benno, ein total attraktiver Schäferhundrüde. Sein Herrchen macht mit ihm ähnliche Dinge, wie meine Leinenführerin mit mir. Dann Betty, eine Mastiffdame, die immer so nervig um Benno herumhechelt und ihn anhimmelt. Aber ich weiß genau, Benno mag mich. Neulich habe ich bemerkt, wie er mir beim

Üben zugesehen hat. Ungeduldig ziehe ich an der Leine. Ein Zeichen von Charlie jedoch erinnert mich schnell wieder daran, dass ich das besser lassen sollte. Seit wir uns kennen, bringt sie mir tolle Sachen bei. Ich kann jetzt auf einen Fingerzeig von ihr über Baumstämme springen, darauf balancieren und drunter durchkriechen, um kleine Stämmchen herumlaufen und – was ich beim letzten Gassigehen gelernt habe – über eine selbst gebaute Wippe flitzen. Natürlich wusste ich anfänglich nicht, was meine Leinenführerin mit „Sitz" und „Platz" meinte. Warum sollte ich mich hinsetzen oder hinlegen? Außerdem hinderte mich mein knallrotes Mäntelchen daran, welches mein Frauchen mir so fürsorglich angelegt hatte. „Was bist du für ein hübsches Hundchen", sagt sie dann immer und klatscht dabei begeistert in die Hände. Ich freue mich, wenn mein Frauchen glücklich ist. Aber es gefällt mir auch, dass meine Leinenführerin mir viele Kunststücke beibringt und mir immer Leckerlis gibt, wenn ich etwas Neues gelernt habe. Und was das Verrückte daran ist: Das macht mir sogar Spaß.

Nun ist es so weit. Charlie befreit mich von meinem Mäntelchen und löst die Leine. Erleichtert hechte ich los und begrüße die gesamte Meute. Ein Pfiff ertönt. Aus den Augenwinkeln beobachte ich noch Benno, der mir wieder nachsieht. Nach dem Üben und dem Herumtollen bürstet mich meine Leinenträgerin und hängt mir den Mantel wieder um.

„Wir wollen doch nicht, dass Frauchen etwas merkt", erklärt sie.

„Wuff!" Ich habe verstanden und lasse die Prozedur in aller Ruhe über mich ergehen. Völlig erschöpft, aber mit wedelndem Schwanz laufe ich später an meinem Frauchen vorbei ins Haus.

„Charlie, du bist die Beste", höre ich sie dankbar sagen.

„Wuff."

Nach kurzer Zeit klingelt es an der Haustür. Eine Fremde mit einem ungewöhnlich blumigen Duft wird eingelassen. Doch meine Nase erschnuppert noch etwas anderes. Es kommt aus der Tasche der Unbekannten, die diese gerade öffnet.

„Ich bin schon so aufgeregt, wo doch in einer Woche der nächste Wettbewerb stattfindet", sagt mein Frauchen.

Hemmungslos neugierig durchschnüffele ich den Inhalt der Tasche.

„Mit diesem Kleidchen wird Ihre Pepples bestimmt gewinnen." Die Fremde zieht etwas Grelles, Fluffiges ans Licht und hält es hoch. Mein Frauchen ist begeistert.

„Aah, wie allerliebst!"

„Und dazu diese wunderhübschen Schuhchen", sagt die Fremde. Unheil witternd ziehe ich mich hinter das Sofa zurück.

„Komm her, Pepples. Das müssen wir gleich mal probieren." Ich will nicht. „Na komm schon", fordert mein Frauchen mich auf.

„Da hab ich doch was." Die Fremde greift noch einmal in ihre Tasche. Ich höre es geheimnisvoll klappern. Dann ertönt ein leises Zischen und sofort zieht ein verführerischer Wohlgeruch in meine Nase. Davon angelockt verlasse ich die Deckung und koste, alle Vorsicht vergessend, etwas unvorstellbar Leckeres aus der Hand der Fremden. „Damit krieg ich sie alle", lächelt sie. Schon streift mir mein Frauchen etwas über. „Jetzt noch die Schuhchen." Bevor ich mich versehe, stolpere ich ungelenk durch das Zimmer. „Fantastisch", höre ich mein Frauchen sagen. „Sie sind eine Künstlerin." Zufrieden steckt die Fremde die vielen bunten Scheine von meinem Frauchen ein, drückt ihr noch eine Tüte von den sagenhaft leckeren Drops in die Hand und ist auch schon wieder durch die Tür verschwunden. „Schau nur, Pepples." Mein Frauchen schiebt mich vor eine Scheibe. Ein fremdartig aussehender Pudel starrt mich an. „Grrrr!" „Ach, du Dummerchen, das bist doch du. Noch etwas Farbe ins Fell und du gewinnst den Wettbewerb." Ich freue mich. Allerdings über die Leckerlis, die sie in der Hand schwenkt.

„Das ist doch wohl nicht Ihr Ernst?", entfährt es Charlie einige Tage später, als sie mich mit meiner neuesten Haute Couture und dem frisch gefärbten, frisierten Fell und den vielen Zöpfen sieht.

„Todernst sogar", antwortet mein Frauchen, beleidigt darüber, dass meine Verkleidung Charlie offensichtlich nicht gefällt. Schon seit dem frühen Morgen hat sie mich herausgeputzt, und als sie endlich fertig war, staubte sie noch diese blitzenden Dinger auf den Regalen ab. „Pepples ist begeistert. Nicht wahr, Pepples?"

„Wuff."

„Hier hab ich noch etwas ganz Tolles für dich."

Auf einmal ist alles um mich herum rosarot. Das kann nur von dem Ding auf meiner Schnauze kommen, durch das ich plötzlich schaue. Mein Frauchen jubelt und hält mir einen Drops hin. Ich fresse ihn und freue mich nun auch.

„Können wir?" Charlie zuckt frustriert mit den Schultern. Obwohl sie Schönheitswettbewerbe für Hunde nicht mag, begleitet sie Frauchen und mich. Denn neben dieser Veranstaltung findet dort auch noch eine Sportshow für Hunde statt. Ich warte auf ihr Zeichen, das signalisiert: Ich darf zum Auto. Als es kommt, will ich losstürmen. Doch diese komischen Dinger an meinen Pfoten sind ungewohnt. Ich kann nur langsam staksen. Diesmal steigt mein Frauchen mit ins Auto. Immer wieder zupft sie an meinen Locken herum. Während der kurzen Fahrt spüre ich, wie aufgeregt sie ist. Ich lecke ihre Hand.

„Für mich bist du die Schönste", sagt sie lächelnd zu mir.

Etwas später sind wir in einem Haus aus Stoff. Mein Frauchen sagt dazu Zelt. Neugierig schleichen Fremde um mich herum. Leise flüstern sie sich etwas zu, nicken und kratzen mit kleinen Stöckchen auf Papier. Ich höre, wie mein Frauchen schwer atmet, und mache mir Sorgen. Doch als ich nach ihr sehe, nickt sie mir zu.

„Feine Pepples."

Dann höre ich noch etwas. Ein bekanntes Bellen. Benno.

„Wuff", rufe ich.

„Ruhig, Pepples."

Die neugierigen Menschen gehen weiter zu Fanny. Sie ist neu und tänzelt ängstlich, als die Fremden auch um sie herum schleichen. Ihre Frisur hat etwas von den kleinen feuchten Tieren im Park, die sich immer in ihr Häuschen auf dem Rücken zurückziehen, wenn man sie mit der Schnauze anstupst. Charlie hat mir erklärt, dass man diese Tiere Schnecken nennt. Da, wieder: Benno bellt laut. Wie kommt der hierher? Ich sehe, dass Charlie sich mit meinem Frauchen unterhält. Das ist die Gelegenheit. Auf dem grünen Platz hinter dem Haus aus Stoff finde ich Benno. Er steht vor einer Wippe. Sein Herrchen versucht, ihn zu locken. Doch Benno will oder kann nicht. Er hat Stress. Armer Benno. Während ich ungelenk zu ihm stakse, höre ich Gelächter.

„Schau dir das mal an", höre ich und bemerke, wie ich angestarrt werde.

„Pepples, wo bist du?" Das war Frauchens angstvolle Stimme.

„Wuff!" Hier bin ich. Benno schaut zu mir herüber.

„Da ist sie", höre ich Charlie. Beinahe bin ich an der Wippe, da hat mich Charlie eingeholt. Sie greift nach meinem Halsband, doch ich will zu Benno. „Du willst ihm zeigen, wie das geht, was?"

„Wuff!" Noch bevor mein Frauchen uns eingeholt hat, streift mir Charlie diese komischen Dinger von den Pfoten und lässt mich los. Freudig begrüße ich Benno und laufe dann, ohne zu zögern, über die Wippe. Ich sehe zu ihm. „Wuff", fordere ich Benno auf. Und wirklich, er folgt mir. Gemeinsam beenden wir das Spiel, das wir so oft im Park gespielt hatten.

„Pepples." Mein Frauchen nimmt mich staunend in die Arme. „Wo hast du das denn nur her?" Auch meine Leinenführerin tätschelt mich. Während ich zwischen ihr und meinem Frauchen laufe, berichtet sie von den Spielen im Park. Gemeinsam gehen wir zu dem Haus aus Stoff zurück.

Am Abend stellt mein Frauchen ein neues glänzendes Ding neben die anderen ins Regal und streicht in Gedanken versunken mit der Hand darüber. Dann setzt sie sich zu mir und gibt mir eine Handvoll von den leckeren Drops. „Weißt du, Pepples, ich dachte immer, Pudel sind nur schön, aber sie sind auch unheimlich klug. Das nächste Mal, wenn du wieder mit Charlie in den Park gehst, werde ich euch begleiten."

„Wuff", freue ich mich, kuschele mich zu Frauchens Füßen und fühle mich pudelwohl.

Warum gerade der?

Iris Engels

Wenn man mit Tieren groß wird und dann kein eigenes hat, fehlt etwas. Da Fische und Vögel die Lücke nicht füllen konnten, stand irgendwann fest: Ein Hund muss her. Aber was für einer? Es dauerte etwa ein halbes Jahr, bis mein Mann und ich uns einig waren, dass es ein Mischling sein sollte. Am besten einer, der aufgrund seiner Größe nichts mit dem Leinenzwang zu tun hatte. An einem Sonntag im September 2001 waren in einer Nachbarstadt Tibet Terrier/Sheltie Welpen zu verkaufen: vier Hündinnen und zwei Rüden. Nach einiger Zeit entschieden wir uns für den Rüden, der quer auf seinen Geschwistern lag.

Warum gerade der?

Vier Wochen später zog der neue Hausgenosse bei uns ein. Ab jetzt wurde alles anders. Nachts aufstehen, damit das Hündchen stubenrein wurde, nicht zu lange ausgehen, damit das Tierchen nicht einsam war, trösten bei Zahnweh, beschützen bei Gefahr.

Warum gerade der?

Nach vielen zerkauten Schuhen, verschwundenen Socken und angeknabberten Solarlampen ist aus dem kleinen Hündchen mittlerweile ein stattlicher Rüde geworden, der auf den Namen Timo hört (oder auch nicht). Bei einer Schulterhöhe von 48 cm und einem Gewicht von fast 23 Kilo hat sich das mit dem Leinenzwang von selbst geregelt. Jedenfalls hat dieser Hund alles verändert. Drei Wochen Urlaub im schönen Griechenland – erledigt. Der Hund kann nicht mit, ohne seine Familie sein kann er auch nicht. Also geht's nach Holland an die See, zwei Stunden Autofahrt kann man dem Hund zumuten.

Warum gerade der?

Schuhe frisst er keine mehr, und nach sechs Sommern Hundeschule – der Hund hatte Spaß und ich war nass, entweder vom Regen oder vom Schwitzen – ist aus unserem Macho ein ganz passabler Begleithund geworden. Obwohl kastriert, hat er immer noch ein Problem mit anderen Rüden und alle Hündinnen in der Nachbarschaft gehören ihm. Immerhin dürfen Fremde mich jetzt ansprechen, was lange nicht selbstverständlich war, schließlich gehörte ich als Frauchen meinem Hund. Ich habe einmal ein Gedicht gelesen, das heißt „Ich wollte einen Hund". Es handelt von jemandem, der einen Hund möchte, der aufs Wort gehorcht, immer brav ist und keinen Unsinn macht. Er bekommt genau das Gegenteil. Das Gedicht endet mit den Worten „Ich bekam nicht, was ich wollte, aber alles, was ich brauchte". Als ich Freunden dieses Gedicht zeigte, fragten sie, ob ich es geschrieben hätte.

Ich hoffe, uns bleiben noch viele Jahre mit diesem etwas verrückten Rüden, der so viel Leben und Veränderung in unser sonst so alltägliches Leben bringt.

Deshalb gerade der.

Die Whippet Hündin Sophie

Warum ein Whippet?

Verena von Asten

Es soll Leute geben, die Windhunde hässlich finden. Sie bezeichnen diese schlanken Tiere als dürr und aushungert und halten auch nicht mit guten Ratschlägen hinter dem Berg, wie „der arme Hund" besser gefüttert werden müsse. Zu diesen Menschen gehörte ich nie. Noch zu Zeiten unserer unterschiedlichsten anderen Hunde zog es mich unwiderstehlich zu diesen eleganten Tieren mit dem seelenvollen Blick hin. Ich lief sogar über die Straße, um einen wildfremden Whippet zu begrüßen – ehrlicher ausgedrückt „anzuhimmeln" – und mit den Besitzern zu sprechen, die jeweils betonten, wie lieb diese Hunderasse wäre. Einmal begegnete ich in einer fremden Stadt einem Gespann von 3 Whippets, auf die ich zueilte, um sie zu streicheln. Ein Außenstehender hätte sicher gedacht: Die Frau spinnt total!

Der Grund, warum ich trotz meiner Affinität zu diesen zauberhaften Geschöpfen nie daran dachte, selbst einen Whippet ins Haus zu nehmen, war das Wissen um deren Jagdleidenschaft und ihr Bedürfnis zu rennen. Später erfuhr ich, dass diese Hunde immer nach einem fliehenden Tier oder fliegenden Gegenstand, etwa einem Ball, hetzen, seltener wegen des Rennens an sich.

Es vergingen Jahre, in denen hintereinander diverse Hunde aus dem Tierheim bei uns ein wunderschönes Hundeleben verbringen durften. Freunde meinten oft: „Bei dir möchte ich gerne Hund sein!" Nachdem ich die Trauer um meine letzte verstorbene Hündin überwunden hatte, war mir klar, dass der nächste Hausgenosse und Begleiter in Anbetracht meines eigenen Alters kein junger Hund mehr sein sollte. Natürlich dachte ich wieder an einen Tierheimhund. In der Sendung „Tiere suchen ein Zuhause" wurde eine acht Jahre alte Schäferhundmischlingshündin vorgestellt, die ganz meinen Vorstellungen entsprach. Ich hatte spontan das Gefühl, sie könnte gut zu mir passen. Einige Tage später fuhr ich mit einer Freundin ins Bergische Land und besuchte die Pflegefamilie, in der die Hündin untergebracht war und wo uns eine sehr freundliche Pflegemama mit zwei ebenso freundlichen Hunden empfing. Rosa, so hieß meine Kandidatin, verhielt sich recht zurückhaltend und verschwand unmittelbar nach der Begrüßung wieder im Hintergrund. Wir unternahmen zusammen einen kleinen Spaziergang, und ich beobachtete das Verhalten der Hündin. Am Ende unseres

Treffens sagte mir mein Bauchgefühl ganz deutlich NEIN: Das ist sie nicht. Es war mir peinlich, als einzigen Grund für die Ablehnung mein Bauchgefühl zu zitieren, aber die Pflegemama hatte vollstes Verständnis, was ich ihr heute noch hoch anrechne.

Meine Tochter sprach immer wieder begeistert von ihrer Whippet Hündin, die von der ganzen Familie sehr geliebt wurde und die ich auch bald kennenlernte. Sie vermittelte mir die Anschrift eines Züchters in der Nähe. Ich rief sofort dort an. Der Mann war zuerst schockiert, als ich fragte, ob er eventuell eine ältere Hündin abgeben würde. Aber als ich ihm erklärte, dass ich wegen meines eigenen Alters eine solche Hündin suchte, dass meine Tochter einen Whippet besäße, dass ich Erfahrung mit Hunden und außerdem einen großen umzäunten Garten hätte, war er bereit, mich mit einem seiner Tiere zu besuchen, das meinen Wünschen entsprach.

Der große Tag kam. Natürlich war ich sehr gespannt, wie er enden würde. Am Nachmittag fuhr ein Wagen in unseren Hof. Sofort eilte ich hinaus, und als ich aus dem hinteren Fenster eine weiße Gestalt entdeckte mit einem schönen schmalen Kopf und großen dunklen Augen, die mich anschauten, da war es um mich geschehen und mein Bauchgefühl schrie geradezu: JA, JA, JA, das ist sie! Der Züchter stieg aus mit Sophie an der Leine. Wir gingen ins Haus. Ich hatte auf dem Sofa schon vorher eine Hundedecke bereitgelegt, da ich wusste, dass Windhunde immer auf Sofas dürfen. Auch Sophie sollte dieses Privileg haben. Und was geschah? Sie sprang sofort elegant auf ihre Decke und ließ sich häuslich nieder. Damit sagte sie mir überdeutlich: Hier bin ich und hier bleibe ich.

Und so war es denn auch. Sophie begleitet mich nun schon zweieinhalb Jahre und ist ganz einfach ein Schatz. Ihr Fell ist grau gestromt. Sie hat ein vorschriftsmäßiges Rosenohr und ein unvorschriftsmäßiges Stehohr – vielleicht war das der Grund, warum mit ihr nicht gezüchtet wurde – und sieht damit recht lustig aus. Die ersten drei Nächte waren für uns beide schwer, aber wir standen sie tapfer durch. Ich war nämlich fest entschlossen: Sofa ja, Bett nein. So weinte meine kleine Sophie, die natürlich ihre Kameraden und ihr gewohntes Zuhause vermisste, die ganze erste Nacht. In der zweiten gab unser Neuankömmling das

Jammern kurz nach Mitternacht auf. Und nachdem sie sich in der dritten Nacht auf eine Stunde Weinen beschränkte, war das Problem für uns beide ein für allemal aus der Welt geschafft! Malheure in Form von Hinterlassenschaften im Haus gab es nur wenige Male.

Bei meinem ersten Spaziergang mit Sophie stellte ich fest, dass das Tier offensichtlich wenig von der Außenwelt kennengelernt hatte. Es fiel mir auf, dass sie nur ganz passiv, lieb und brav neben mir hertrabte, ohne jemals zu schnüffeln oder sich für Gebüsch, Erde und alle für Hundenasen so verführerischen Gerüche zu interessieren. Das änderte sich allerdings schon recht bald. Ich spürte, wie sie allmählich ihre Spaziergänge genoss, wie sie lebendiger wurde und auch mich als ihre Bezugsperson annahm. Offensichtlich hatte sie bei dem Züchter, der inzwischen aus Gesundheitsgründen seine Zucht aufgeben musste, den größten Teil des Tages in großen Metallkäfigen zugebracht, zwar zu zweit, aber ihr Leben war trotzdem recht monoton. Sophie kannte nicht einmal das einfache Kommando „Sitz" und geriet fast in Panik, als ich es ihr beibringen wollte. Andererseits verstand sie kurz darauf ganze Sätze. Als ich ihr beim Spazierengehen sagte: „Jetzt drehen wir um", machte sie schon beim allerersten Mal sofort eine Kehrtwendung. Das alles zeigte wieder einmal die besondere Kommunikation, die zwischen zwei liebenden Wesen entsteht und die ich auch schon bei meinen anderen Hunden beobachtet hatte. Ich konnte mich stets mit freundlichen Aufforderungen begnügen, auch bei Sophie. Und war sie doch mal „schwerhörig", genügte eine etwas lautere Stimme oder ein Händeklatschen und sie reagierte sofort. Ich denke, Whippets sind keine Hunde für laute Kommandos.

Kam ich mit dem Wagen in den Hof gefahren, sah ich sie schon beim Einbiegen in unser Grundstück wie eine kleine weiße Statue oder besser wie ein Porzellanfigürchen an ihrem Ausguckfenster im Eingang stehen. Sie musste bereits einige Zeit davor meinen Wagen auf der Straße gehört und erkannt haben. In ihrer ersten Zeit bei mir hatte sie jeden vorbeikommenden Hund wütend angebellt, wenn sie aus meinem Bürofenster auf die Straße schaute, meine schönen Alu-Lamellen gerieten dabei gänzlich aus der Form. In solchen Momenten war meine sanfte, friedliche Sophie nicht wiederzuerkennen. Aber sie ist, wie ich hörte, nicht der einzige Hund, der auf diese heftige Weise sein Revier verteidigt. Ich verpasste den unteren Scheiben des Büros eine undurchsichtige Folie. Und da ich eben ein eher weiches Frauchen bin, bot ich ihr das bereits erwähnte Ersatz-Ausguck-Fenster an! Manchmal noch starrt sie durch die blinden Scheiben im Büro und stellt sich vor, wer da wohl draußen entlanglaufen könnte!

Whippets sind im Allgemeinen einerseits vornehm zurückhaltend und nie aufdringlich, andererseits haben sie trotzdem eine gute Portion Neugier. Beim Spazierengehen muss ich genau darauf achten, wer uns entgegenkommt. Bei Menschen kann ich durchaus stehen bleiben, wenn ein gegenseitiges Interesse vorhanden ist. Ich bekam schon Kommentare von kleinen Mädchen auf dem Weg zum Ponyhof: „Ist das ein Rennhund? Ach ist der süüüß!", worauf Sophie vor lauter Stolz einen Kopf größer wurde – bildlich gesprochen natürlich – und sich genüsslich streicheln ließ. Bei einem Hund halte ich lieber etwas Abstand. Leider hat Sophie grundsätzlich Angst vor fremden Hunden, mit Ausnahme der eigenen Rasse. Das ist sicher darauf zurückzuführen, dass sie beim Züchter 7 Jahre ohne andere Hundebegegnungen gelebt hat.

Sophie hat kein allzu großes Rennbedürfnis, was wohl auch daher kommt, dass sie schon älter ist. Wenn ich ihr im Garten jedoch ihren Zahnkauknochen hinwerfe, wird die Kleine wieder richtig jugendlich, hüpft wie eine Katze, die mit einer Maus spielt, wirft den Kauknochen in die Luft, fängt ihn wieder auf und legt dann ein paar Rennrunden hin, wie es auch schon meine vorherigen Hunde getan hatten. Ich nannte das immer „Amoklaufen". Damals war dieser Ausdruck noch unbelastet. Um das Spiel zu verlängern, nehme ich Sophie das Spielzeug wieder weg, werfe es erneut, sodass sie richtig auf Trab kommt. Am Schluss bekommt sie dann den Knochen, um ihn genüsslich zu zerkauen, was auch der Zahnpflege sehr dienlich ist.

Sehr nachdenklich gemacht hat mich der Besuch des Züchters einige Monate nach Sophies Einzug in unser Haus. Er brachte Sophies Halbschwester mit, mit der sie sich früher sehr gut verstanden hatte. Aber diesmal reagierte sie keinesfalls erfreut. Fast schon unhöflich ignorierte sie ihre frühere Kameradin völlig. Sie wollte nicht spielen, nicht in deren Nähe sitzen und hielt sich möglichst fern von ihr. Hingegen hatte sie sich beim Besuch meiner Tochter mit deren zwei Whippets gänzlich anders verhalten und die Hunde jedes Mal gerne um sich gehabt. Nachdem der „unliebsame Besuch" gegen Abend wieder gegangen war, mied Sophie jeden Platz, auf dem die Hündin gestanden oder gesessen hatte. Auch ihre Schlafdecke war offensichtlich kontaminiert, sodass sie in dieser Nacht ein Notlager im Körbchen in der Küche bevorzugte. Erst nachdem ihr Eigengeruch wieder alle anderen überdeckte, schlief sie wie vorher auf ihrem Sofa. Hatte Sophie solch schlechte Erinnerungen an alles, was sie mit ihrem früheren Zuhause verband?

In diesem Zusammenhang wurde mir erneut bewusst, welch inniges Vertrauen meine Hündin zu mir aufgebaut hat und wie sehr sie sich bei mir zuhause fühlt. Ich kann ohne Bedenken die Haustür offen lassen, Sophie käme nie auf die Idee auszubüchsen, wie man es von vielen Windhunden immer wieder hört.

Ja, und dann das abendliche Kuscheln, das Sophie über alles liebt. Ich würde mich bei manch einem Leser lächerlich machen, wenn ich die rituellen Streicheleinheiten mit den dazugehörigen Lauten des Behagens genau schildern würde. Wer solch ein Gefühl nicht kennt, weiß nicht, wie gut es unseren Seelen tut! Vor Kurzem war ich – in Sophies Augen – zur Unzeit immer noch beschäftigt, ehe ich dazu kam, mich häuslich niederzulassen. Sophie stand vorwurfsvoll abwartend neben dem Sofa, bis dann gegen 19 Uhr der ersehnte Moment kam, wo ich mich setzte, die Beine ausstreckte und ihre Decke ausbreitete. Den jugendlichen Schwung, mit dem meine Süße sich dann erleichtert neben mich schmiss, hätten Sie sehen sollen! Und ich schwöre es: Sophie hat geseufzt und ganz laut „ENDLICH" gesagt!

Die Rasse der Hundebesitzer

Bibi Bellinda

Einfach ignorieren! Es hat lange gedauert, bis ich das gelernt habe: nicht hinschauen; weitergehen, als gäbe es den Hund nicht; darauf vertrauen, dass er mir instinktiv nichts tun wird. Seither sind meine Begegnungen mit fremden Hunden unspektakulärer geworden und meine Angst vor ihnen ist deutlich geringer.

Aber eigentlich will ich Hunde gar nicht ignorieren. Ich möchte mich an ihren großen Augen und ihrem treuherzigen Hundeblick erfreuen, möchte mich an ihrer ungetrübten Lebensfreude erquicken und mich davon anstecken lassen. Ich möchte die Neugier der Hunde auf die Sinneseindrücke ihrer Umgebung beobachten und über den Spieltrieb der meist noch jüngeren Vierbeiner schmunzeln dürfen.

Wenn ich ganz ehrlich bin, würde ich lieber die Hundebesitzer ignorieren, vor allem jene, die sich ihren Mitmenschen gegenüber rücksichtslos verhalten und ihren Hund als Machtinstrument, ja manchmal fast als Waffe einsetzen. Dann ärgere ich mich über die Frauchen und Herrchen, die die Hundeleine lässig um den Hals gehängt haben, während ihr Hund meinen Adrenalinspiegel unangenehm steigen lässt. Vor allem dann, wenn am jeweiligen Ort eigentlich Maulkorb- oder Leinenpflicht besteht. Fehlt nur noch, dass die Hundebesitzer auch den Maulkorb ihres Hundes tragen. Ich stelle mir das manchmal bildlich vor und würde meine Gedanken auch gerne aussprechen, hätte im jeweiligen Moment nicht ihr Hund meinen Mut vertrieben.

Hunde zu beobachten, finde ich auch deshalb meist reizvoller, als ihre Besitzer zu betrachten, da so viele Menschen doch nur verbitterte Gesichtszüge und trostlose Blicke haben. Obwohl – man sagt ja, dass Hunde und deren Besitzer im Laufe der Zeit einander in ihrem Äußeren zunehmend ähnlicher werden. Wer, frage ich mich, passt sich dabei wem an?

Warum haben Hundebesitzer oft so wenig Verständnis für nicht hundeerfahrene Mitmenschen? Oder auch so wenig Respekt? Ich finde es wirklich fast unerhört, als „pfui" bezeichnet zu werden, wenn ihr Hund an mir schnuppert. Oder wenn ich mir sagen lassen soll, „normal zu gehen", wenn ich am Waldweg über eine Wurzel stolpere und ihr Hund mich anbellt. Und eigentlich ist es auch nicht angebracht, wenn mich Hundebesitzer mehr als abfällig belächeln, weil ich vor ihrem doch so harmlosen Vierbeiner Angst habe. Wie oft habe ich dann schon gehört: „Der tut nichts." Wieso ist Menschen nicht klar, dass Tiere prinzipiell immer unberechenbar sind? Oder mir wird gesagt: „Er will nur spielen." Wieso gehen Hundebesitzer davon aus, dass ich im jeweiligen Moment auch bzw. überhaupt mit ihrem Hund spielen möchte?

Ja, viele Hundebesitzer scheinen eine eigene Menschenrasse zu sein. Aber ich möchte die Hoffnung nicht aufgeben, dass dieser Eindruck nur von einigen besonders rücksichtslosen Hundehaltern geprägt wird und es auch viele liebenswerte Hundefreunde gibt, die sich nur unauffälliger verhalten.

I lost my heart in Pabianice
Die Euphorie geretteten Lebens

André Pluskwa

Früh am Morgen. Frostklar liegt der Himmel über dem polnischen Städtchen Pabianice. Wir treten in den Innenhof des örtlichen Tierheims, das mitten in einem Gewerbegebiet gelegen ist. Um den Hof herum sind die Zwinger angelegt, die derzeit dort einsässigen 150 Hunde nehmen sofort Kontakt mit uns auf. Ohrenbetäubendes Hundegebell, das während des Gangs über den Hof nicht mehr abnimmt. Die Zwinger sind überfüllt, viele Hunde sichtlich gestresst, ein Kuvasz hat angesichts all der auf ihn zukommenden Bedrohungen Schaum vorm Mund und verbeißt sich im Gitter.

Wie ich dort mein Herz verloren habe, wollen Sie wissen? Nun, alles begann so: Eine Freundin, die für die Hundehilfe Polen e. V. als Pflegestelle Hunde resozialisiert, erzählte, man benötige einen Beifahrer für die kommende allmonatliche Tour. Bereits vermittelte Hunde sollen aus polnischen Tierheimen abgeholt und nach Deutschland gebracht werden, vielleicht wäre das interessant für mich. Das klang tatsächlich nach einer guten Aktion. Also rief ich Beate DuBeau an. Die Mitbegründerin und 1. Vorsitzende des Vereins gilt in der Tierschutzszene, die ja bekanntlich ein Haifischbecken ist, als ein resoluter Charakter. Ich entspreche den Anforderungen, wir werden die dreitägige Tour zusammen fahren.

Und so finde ich mich an einem kalten Dezembermorgen vor einem einsamen Blockhaus im urwüchsigen Nordostniedersachsen wieder. Von dort begeben wir uns auf den Weg in das Herz Polens, wir fahren den ganzen Tag. Südlich von Lodz liegt Pabianice, wo wir bei einer Mitarbeiterin des Tierheims übernachten. Auf den Landstraßen werden wir überholt von Autofahrern mit offenbar endlosem Gottvertrauen, fahren vorbei an tödlichen Unfällen, an zu Hinterhofbars umfunktionierten Bretterbuden und geschmückten Marienstatuen am Straßenrand.

Während der Fahrt haben wir viel Zeit zum Reden. Ich lerne eine facettenreiche Frau kennen, die ihre Berufung gefunden hat. Tierschutzarbeit, das hat oft auch mit Aufarbeitung des eigenen Lebens zu tun. Beate DuBeau, ihr Mann Mike, ein Sioux, dessen Ausstrahlung nicht nur die Tiere, mit denen er arbeitet, beeindruckt, und ihre Mitstreiter der Hundehilfe Polen haben seit 2006 gut 600 vermittelte Hunde aus Polen überführt. Beate ist dabei Vordenkerin, eine Meisterin des Zeitmanagements, zumal sie dies alles in ihrer Freizeit macht. Sie hat die Lebensbedingungen für die Hunde in den Tierheimen, mit denen sie zusammenarbeitet, entscheidend verbessert, hat ein weitreichendes Netzwerk aufgebaut, das Tierpfleger, Veterinäre, Übersetzer, Fahrketten, Pflegestellen, deutsche Tierheime, Spendensammler und viele andere Tierfreunde vereinigt. Sie kennt sie alle, weiß um ihre Schwächen und Kompetenzen und scheut sich nicht, sie zu fordern. Sie durchleuchtet jedes aufkommende Problem akribisch, entsprechend effizient sind ihre Lösungsansätze. Trotzdem ist es nicht leicht, in einem Land, in dem es für nicht wenige schwierig ist, selbst über die Runden zu kommen, mehr Bewusstsein für den Tierschutz zu schaffen. Dabei bleibt sie angenehm frei von den üblichen Ideologismen der Tierschutz-Szene. Die sind einer Pragmatik gewichen, die ein Mensch immer dann entwickelt, wenn durch praktische Arbeit an der Basis ein tieferes Verständnis für Probleme und mögliche Auswege entsteht. So ist Kettenhaltung ein weitaus kleineres Übel, als der herkömmliche Tierfreund in der warmen Stube annehmen mag, denn die Lebensqualität eines polnischen Tierheim-Hundes an einer ausreichend langen Kette steigt enorm. Die Alternative wären ein enervierendes Dasein im überfüllten Zwinger, zermürbender Dauerstress zwischen Angriff und Verteidigung, Mobbing und Verletzungen. Kastrationen sind selten; Kosten, unzureichende hygienische Bedingungen und mangelndes Problembewusstsein verhindern das. Aber man darf nicht aufhören, daran zu arbeiten.

Normalerweise überführt die Hundehilfe Polen keine Welpen. Diesmal ist es anders, denn bis jetzt hat noch nie ein Welpe den Winter im Tierheim Myszkow überlebt. Bedingung: Die Mütter mussten auch übernommen werden. Der zweite Tag, der Kerntag, ist angebrochen. Wir besuchen die Tierheime Pabianice, Piotrkow Trybunalski und schließlich Belchatów, in dem wir übernachten. Belchatów ist ein „reiches" Tierheim, Teil einer städtischen Betriebsgesellschaft, die auch für Räumung und Entsorgung von Schnee und Müll verantwortlich ist. Das Gelände ist riesig, aber ungenutzt.

Hier wäre eine Gruppenhaltung möglich oder man könnte zumindest großflächig anbauen, denn jeder der viel zu kleinen Zwinger ist überbelegt. Aber es fehlt an Baugenehmigungen – und vor allem an Geld. Wahrscheinlich hält sich die Stadt das Gelände für lukrativere Projekte frei. Auf der Hinfahrt sind wir an mindestens drei Rohbauten eines großen deutschen Discounters vorbeigekommen. Die gleiche Art von Filz verhindert wohl auch die dringend notwendige Sanierung der Baracken in Piotrkow Trybunalski, dem wohl ärmsten Tierasyl, das ich je gesehen habe. Hunde, soweit das Auge reicht, sie schätzen 300, mindestens die Hälfte Schäferhundmixe. Kaum jemand braucht diese Tiere, die dort oft bis an ihr Lebensende an der Kette bleiben. Manchen haben die Jahre nichts an, viele resignieren, werden depressiv. Die, die irgendwann durchdrehen und alles und jeden zerbeißen, werden dann eingeschläfert. Ein „Akt der Gnade" – tatsächlich?

Wenn es einen Ort gibt, an dem sich das ganze Dilemma der Beziehung des Menschen zu seiner Natur, der Zivilisation und dem Preis, den wir dafür zahlen, manifestiert, dann im Tierheim Piotrkow Trybunalski. Niemals zuvor habe ich eine solche Atmosphäre erlebt. Man wandert durch ein scheinbar grenzenloses Gebiet, vorbei an endlosen Reihen von Hunden an Ketten und ihren Hütten. Wege verlieren sich, da hinten tauchen mehr Hunde und Hütten auf, Hütten und Hunde, ein ewiges Bellen, all die Hundeaugenpaare, die auf dich gerichtet sind. Über uns steigen wieder und wieder die Krähen in den trüben kalten Himmel auf, ein verfallenes Industriegebiet am Ende der Stadt. Zwischen Fabriken, Deponie und Schrottplatz sind sie interniert, die Hunde, die vom Rand gefallen sind, weil sie irgendwelchen vom Menschen gemachten Ansprüchen nicht genügten – und die keine Chance hätten, gäbe es Menschen wie Beate DuBeau nicht. Sie sagt, im Frühling wäre es hier sehr schön. Dann blühen die Bäume und verbergen die Fabriken. Ich verstehe jetzt, warum es sie Monat für Monat dort hinzieht. Auch ich will wieder hin.

Piotrkow Trybunalski offenbart von Menschen verschuldetes Tierleid und mag für jeden Tierfreund zuallererst erschütternd sein, in Wirklichkeit aber ist es ein gesegneter, Sinn gebender Ort, an dem

Gutes geschieht, denn die Arbeit, die dort getan wird, ist genau so wichtig und notwendig wie die Arbeit, die Menschen täglich in Kinderkrippen, Krankenhäusern, Gefängnissen, Altenheimen oder Obdachlosenasylen verrichten. Die außergewöhnlichste Person, die ich auf der Reise habe treffen dürfen, sorgt dort täglich für die Hunde und verabschiedet sich rührend von allen, entlässt sie wie eine Mutter in ein besseres Leben. Ihr Name ist Maria und ihre Allliebe zum Hund, ihr selbstloses Praktizieren von Tierschutz, in dem der Mensch volle Sorge für das Tier trägt, ihm sein Leben widmet, ihm dient, ist beispielhaft für alle, die herausfinden wollen, worum es im Kern der Sache eigentlich geht. Marias Tochter Pamela, die dort seit Kindertagen arbeitet, führt mich durch die endlosen Reihen und erzählt mir über die Tiere. Ich verbringe den Tag mit ihnen bis zur Dämmerung. Die gewaltige Dosis Hund lehrt mich mehr über diese Spezies als jedes teuer bezahlte Wochenendseminar.

Früh am Morgen des dritten Tages wird der Transporter beladen, 37 Tiere nehmen wir mit in eine neue Zukunft. Hunde aus Zwingern holen, sie in Boxen stecken und verladen ist eine intensive Sache, die viel Einfühlungsvermögen und eine gesunde Intuition erfordert. In wenigen Sekunden ist zu entscheiden, wie man dem jeweiligen Tier gerecht wird, ob man es wagen kann, den Hund zu packen oder sich besser absichert. Trotz einiger Problemfälle geht die Aktion dank der souveränen Pfleger ohne Gewalt vonstatten. Manche Tiere geraten in nackte Panik, andere wie die sanftmütige, wunderschön gezeichnete Schäferhündin Spajka machen widerstandslos alles, worum man sie bittet. Trotz langer Jahre an der Kette ungebrochen, begibt sich Spajka in ihre Box und schaut zu uns hoch, ihre Augen sprechen eine deutliche Sprache. Als wir sie viel später in der Dunkelheit auf einer Autobahnraststätte an ihre Pflegestelle übergeben, erfüllt mich ihr Blick erneut mit Ehrfurcht – und Schuld. Obwohl sie uns nicht anklagen, verzeihen uns die Hunde Tag für Tag. Ist das einfältig oder weise? Falls es da draußen immer noch Menschen gibt, die den Hunden ihre Gefühlswelten und eine entsprechende emotionale Interaktion absprechen wollen: Wir nehmen eine panische alte Chihuahuadame ohne Namen aus der Box. Sie darf nach vorne. Nach wenigen Minuten ändert sich ihre Stimmung rapide und wir sind mit einem zutiefst erleichterten Wesen gesegnet, das jede Ansprache, jede Streicheleinheit dankbar annimmt und uns zu Spiel und Spaß auffordert. Wir teilen ihre ausgelassene Fröhlichkeit gerne. Die Euphorie geretteten Lebens, wir dürfen sie guten Gewissens genießen. Ab jetzt geht alles sehr schnell. Die letzte Dispositionsarbeit wird via Handy erledigt, alles klappt, alle sind pünktlich. Diverse Übergaben auf Raststätten, die mir, völlig übermüdet und doch hellwach, ganz unwirklich erscheinen, folgen. Wir sehen Menschen mit Boxen und Leinen, sortieren Impfpässe und trinken viel Kaffee. Für Small Talk ist keine Zeit, wir müssen weiter. Unserer Chihuahuadame wünsche ich noch alles Gute, da begeben wir uns schon wieder in die Ödnis der Autobahnnacht. Zurück auf dem Gelände der DuBeaus herrscht ein letztes Übergabechaos, eine letzte Aufregung bei Hund und Mensch. Bei einigen hat das was von Geschenke auspacken, andere denken wenigstens so weit mit, den Tieren etwas Abstand und Ruhe zu gönnen, anstatt sie mit sofortiger Aufmerksamkeit zu überfordern. Ich fahre heim. Um mich herum versinkt die Welt im alljährlichen Weihnachtsrausch, doch die Werte, die wir damit verbinden, stellen sich mir dieses Mal ganz anders da. Glitter und Tand, schön: In Polen stellen die Menschen knallbunte Plastikblumen auf die Gräber, die Friedhöfe sind die buntesten Orte des Landes.

Leute werden Fragen stellen. Nach der Situation vor Ort, den Lebensbedingungen der Hunde, ihren Gemütszuständen, aber auch nach dem Sinn des Ganzen, da es doch auch in Deutschland genügend Hunde in Not gibt. Was sagt man da? Dass die Fragen gleich durch den Umstand nivelliert werden, dass Hunde keine Nationalitäten kennen und Territorien gänzlich anders definieren? Außerdem droht im Gegensatz zu polnischen oder anderen ausländischen Hunden den deutschen für gewöhnlich kein „Lebenslänglich" und damit keine Todesstrafe. Kein Hund soll in einem Tierheim sterben müssen. Ein Hund, der in Gefangenschaft und ohne Bindung an eine Gruppe, wie sie in seiner Natur liegt, sein Leben lassen muss, ist ein trauriger Beweis für menschliches Versagen, denn für ein solches Sterben sind wir ganz allein verantwortlich zu machen. Deshalb müssen wir dafür sorgen, dass die Spezies, die sich dazu bereit erklärt hat, mit uns eine einzigartige und vielschichtige Symbiose einzugehen, würdevoll behandelt und geachtet wird, anstatt dass sie ihr Verhalten irgendwann eventuell als den Fehler versteht, als der er sich an vielen Orten dieser Erde leider für sie erweist, und sich enttäuscht vom Menschen abwendet, die Flucht ergreift oder sich wehrt. Man möge diesen spekulativen Gedankengang einfach mal annehmen und sich überlegen, wie oft man selbst Zeuge eines vom Menschen enttäuschten Hundes geworden ist, ob er nun wegläuft oder beißt, nicht herankommt oder schnappt, sich duckt oder nicht berühren lässt. Für diese „Unzumutbarkeiten" werden Hunde weltweit diszipliniert, deportiert, interniert, eliminiert. Sinn und Beständigkeit einer Gesellschaft bemessen sich letztendlich immer daran, wie sie mit ihren schwächsten und kritischsten Mitgliedern umgeht. Tierheimhunde erscheinen oft entwurzelt, manchmal sogar feindselig. Beides kann man leicht ändern.

Daheim ist es besser als im Tierheim. So soll es zumindest sein. Als ich zu Hause ankomme, beschnuppern mich die eigenen Hunde intensivst. Sanne, unsere Sensible, scheint dabei fast zu erstarren. Den Rest des Abends schaut sie mich mit großen Augen an. Sie weiß es, ich weiß es. Die meisten Hunde wissen es, nur die Menschen wollen es nicht wahrhaben. Warum aber sollten wir länger darüber schweigen? Unsere Leben unterscheiden sich durch nichts. Das ist das ganze Geheimnis. Wir, Hunde wie Menschen, sind in gleicher Weise unfrei. Wir fristen ein Dasein, das um einen uns zugewiesenen Platz zentriert ist, holen unser portioniertes Futter artig konditioniert rasch da ab, wo es uns dargereicht wird, und halten es für Freiheit, eine gewisse Zeit lang ohne Leine, „ungebunden" zu sein – ob nun jeden Tag eine Stunde im Park oder im Jahresurlaub weitab vom Büroalltag. Wo ist da schon noch, aus quasi göttlicher Distanz betrachtet, ein großer Unterschied zwischen Hund und Mensch? Wir teilen unser im Grunde belangloses Dasein miteinander, zwei Punkte zwischen Himmel und Erde, die sich gegenseitig ein wenig mehr Würde verleihen, wenn sie nur gut miteinander umgehen! Was können wir mehr verlangen?

Manche sagen, die Symbiose mit dem Hund sei die bis dato klügste Idee des Menschen gewesen. Ob das auch für den Hund gilt, ist eine andere Frage. Wäre schön, wenn wir sie zugunsten der Hunde beantworten könnten. Wieder andere sind allerdings der Meinung: Ohne Hunde und all die Narreteien rund ums Haustier wäre der Mensch schon viel weiter.

Wir alle kennen solche Leute, für die ein Hund nur eine Gefühlsduselei ist, die es zu überwinden gilt. Es gibt durchaus Gründe, so zu denken. Die Haustierindustrie krankt an den gleichen Symptomen wie jede andere Industrie und deren Protagonisten und Konsumenten auch. Nichtsdestotrotz repräsentieren vor allem Hundegegner den allgemeinen Empathieverlust der Gesellschaft. Die Ökonomisierung ihrer Gefühle bedeutet für sie Selbstkontrolle. Sich im Griff zu haben, dem Tier emotionslos zu begegnen, gilt ihnen als Fortschritt. Diese Menschen brauchen die Kraft der Hunde eigentlich am allermeisten. Gegen grassierende Gefühlsverelendung haben Staat und Gesellschaft kein besseres Mittel, keine wirksamere Medizin, keinen hochwertigeren Impfschutz als den Hund. Ein Leben mit Hunden sollte also nicht nur Ehrensache sein, Gesundheitskassen sollten darüber hinaus die Hundehaltung fördern und subventionieren oder zumindest die Hundesteuer-Last des Bürgers wieder ausgleichen anstatt ihm immer mehr Reglementierungen, Gebühren und Pharmazeutika aufzubürden.

Entschuldigung, ich wollte ja erzählen, wie ich mein Herz in Pabianice verloren habe. Darf ich vorstellen: Mika. Sie ist von ganz außergewöhnlicher Art und einfach nur wundervoll. Bei mir ist jetzt ihr Daheim. Meine Frau fragt manchmal – schmunzelnd zwar, jedoch nicht ohne ein Quäntchen Eifersucht –, ob ich eine Geliebte habe, wenn Mika sich bei mir ihre Schmuseeinheit abholt. Aber was soll ich machen? Wo die Liebe hinfällt: Mika, sie war einfach da. Gleich morgens im ersten Tierheim, in Pabianice, im zweiten Zwinger, wir waren keine zehn Minuten dort. Ich sah sie und es war um mich geschehen. Und sie hat alles dafür getan, damit ich merke, dass auch sie der Meinung ist, es passe ganz gut mit uns beiden. Sie kennen das:

Liebe auf den ersten Blick, Fügung und so. Ich gebe zu, das hätte überall auf der Welt passieren können, es ist aber eben da geschehen. Nur gut, dass ich hingefahren bin.

Die Autorinnen und Autoren

Verena von Asten, 1932 in Ulm geboren, lebt in Eupen/Belgien. Sie schrieb etliche Kinderbücher, Krimis, eine Novelle über den Tessin sowie zwei Tierbücher mit dem Titel „Hilfe – Ich bin ein Tiernarr" und „Lea, Liebe auf vier Pfoten". Für den Krimi „Tod in der Sauna" erhielt sie den Literaturpreis der Deutschsprachigen Gemeinschaft in Belgien. Soeben erschienen ihre Ulmer Kindheitserinnerungen in den 30er und 40er Jahren mit dem Titel „Vergangen aber nicht vergessen".

Bibi Bellinda, 1965 in Wien geboren, ist Autorin und ausgebildete Sozial- und Wirtschaftswissenschaftlerin (Studium in Wien, einige Fachpublikationen, darunter auch ihre Dissertation). Sie lebt in Niederösterreich und schreibt seit ihrer Kindheit kritische und berührende Texte.

Petra Deyringer-Kühnle, 1966 in Esslingen geboren. Nach dem Abitur hat sie Bibliothekswesen studiert. Seit vielen Jahren ist sie im Tierschutz aktiv. Sie lebt mit ihrem Mann und ihren Hunden im baden-württembergischen Herrenberg. Die Hunde bestimmen weitgehend ihren Tagesablauf, außerdem liest und schreibt sie sehr gerne.

Ute Dissemond, geboren 1964, ist gelernte Bankkauffrau. Sie ist bereits mit Hunden aufgewachsen und beschäftigt sich seit mehr als 20 Jahren intensiv mit Hunden und ihrem Verhalten. Seit 2004 arbeitet sie als Tierpsychologin und Autorin (www.sonnenhunde.de). Bisher wurden neben diversen Fachartikeln und Kurzgeschichten 3 Bücher veröffentlicht: „Sonnenhunde, Tierheimhunde aus dem Ausland", „Kaninchenhaltung zum Wohlfühlen", „Rasta, turbulente Augenblicke im Leben eines Hundes".

Iris Engels, geboren 1965, lebt in Viersen, verheiratet, Hausfrau, keine Kinder. Schon immer tierlieb, ist sie aber erst vor 9 Jahren endgültig auf den Hund gekommen. „Warum gerade der?" ist der erste Versuch, die Geschichten, die sie mit ihrem Hund erlebt, zu Papier zu bringen.

Andrea Feder, geboren 1964, lebt mit ihrer Familie in Nordhessen. Als Mutter von vier Kindern entwickelte sich – als Gegengewicht – der Tierschutz zu ihrem Vollzeithobby. Seit dem Jahr 2000 finden zusätzlich zu den eigenen drei Hunden, einem Kater, Fischen und Winterigeln immer wieder Pflegefälle der Nothilfe Polarhunde Nord e.V. (www.nothilfe-polarhunde.de) den Weg in ihr Haus. Die vielen Erlebnisse mit den eigenen Tieren und den Pflegehunden verwandeln sich im Laufe der Zeit zu Geschichten, welche dreimal jährlich im Vereinsheft „Wulfstorfer Husky-Post" erscheinen.

Anke Höhl-Kayser, geboren 1962 in Wuppertal. Abgeschlossenes Literaturwissenschaftsstudium in den Fächern Anglistik, Skandinavistik und Amerikanistik. Von Beruf Autorin. Bisherige Buchveröffentlichungen: „Ronar" (Jugend-Fantasyroman) und „Stille wird hörbar wie ein Flüstern" (Gedichtband mit Bildern von Noelle-Magali Wörheide). Sie lebt mit ihrem Mann, zwei Kindern und dem knapp fünfjährigen Berner Sennenhundrüden Baloo in Wuppertal. Von 1983-1998 hat die Foxterrierhündin Dschinny als erster Hund ihr Leben bereichert.

Sabine Immken, geboren 1976 in Hannover, lebt als freiberufliche Fotografin und Autorin im Berliner Bezirk Prenzlauer Berg. Sie interessiert und engagiert sich sowohl beruflich als auch privat sehr für den Tierschutz. Ihre Kolumnentexte zeigen den heiteren und kritischen Blick einer Hundebesitzerin auf Hund, Berlin und die Welt.

Stania Jepsen, Jahrgang 1940, gebürtige Bulgarin, aufgewachsen in Tschechien, war schon immer sehr tierlieb. Zurzeit lebt sie in Lübeck mit ihrem Kater Schakier.

Simone Kunde, 1966 in Dessau geboren. Von Beruf ist sie Handelsvertreterin. Ihre literarische Biografie umfasst Gedichte, Geschichten, Artikel für eine Hunde-Vereinszeitschrift und Teilnahme an Lesungen.

Hannelore Nics verfügt über diverse pädagogische und journalistische Erfahrungen. Veröffentlichungen von ihr sind in mehreren

Anthologien erschienen. 1996 bekam sie den Anerkennungspreis des Landesverbandes Niederösterreich für Schulspiel, Jugendspiel und Amateurtheater. Im Oktober 2004 erschien ihr erstes Buch „Bleib im Hades, Eurydike". 2005 wurden im Mariposa Verlag die Viehfabeln veröffentlicht unter dem Titel „Viehlosophisches". In den Jahren 2006-2008 entstanden mehrere gereimte Kinder-Theaterstücke und 2009 erschien eine Fortsetzung der Tierfabeln („Tierisch gut drauf") im Eigenverlag. Momentan sind ein Band mit skurrilen Kurzgeschichten sowie eine Sammlung religiöser Aufsätze in Vorbereitung.

Helga Franziska Noack wurde 1945 in Vilshofen geboren. Nach einem Studium der Pädagogik mit Philosophie und Psychologie in München war sie lange Zeit Lehrerin für Abschlussklassen an einem Förderzentrum in Passau. Ihre zahlreichen Veröffentlichungen erschienen in Anthologien, Literaturkalendern und Zeitschriften; eine eigenständige Veröffentlichung, das Kinderbuch „Pepino und das Weihnachtsgeschenk an den lieben Gott", erschien 2007 im Spielberg Verlag, ISBN 978-3-940609-03-8. Nach neun Jahren Aufenthalt auf Mallorca lebt sie jetzt wieder in Deutschland.

Sabine Nölke, geboren und aufgewachsen im Ruhrgebiet. In Bochum hat sie Biologie studiert. Sie lebt mit ihrem Mann, zwei Deerhounds und einer Katze im Bergischen Land und arbeitet als freie Journalistin.

Karin Oehl, 1944 geboren, ist mit Tieren groß geworden. Seit 1974 sind auch im eigenen Haushalt Tiere. Ihre drei Kinder wuchsen mit all dem auf, was Kinder sich wünschen: Kaninchen, Meerschweinchen, Vögel, Fische und sie beobachteten im heimischen Aquarium das Werden von Fröschen und Molchen. Die Familie übernahm auch schwierige Hunde aus dem Tierheim und es zeigte sich immer wieder, dass diese ihre Probleme ablegten, wenn sie sich verstanden und sicher fühlten.

Helene Oehler lebt in Wien. Von Beruf war sie Volksschullehrerin – eine sehr glückliche, wie sie betont – und Direktorin an einer konfessionellen Schule. Nach ihrer Pensionierung arbeitete sie noch 20 Jahre an der Volkshochschule. Inzwischen ist sie 90 und hat vor Kurzem ihre Freude am Geschichtenerzählen entdeckt. „Wuppi" ist die erste Veröffentlichung.

Elke Parker, Jahrgang 1960, ausgebildete Tierpsychologin, Hundetrainerin und Leiterin einer Tierpension in Heiligenhaus. Dort finden neben vielen tierischen Urlaubsgästen auch immer wieder Tierschutz-Hunde aus dem In- und Ausland bis zu ihrer endgültigen Vermittlung eine Bleibe (www.tierhotel-weiss.de). Privat führt sie ein glückliches Rudelleben mit ihrem Mann, der sie nimmt, wie sie ist, und drei ehemaligen Straßenhunden aus dem Ausland.

Elisabeth Petzina, geboren 1933, hatte nach 6 Jahren Büroberuf keinen Spaß mehr am Umgang mit Papier, das andere Leute bedruckt hatten. Sie nahm ein Studium auf: Deutsch und Englisch, später zusätzlich Geschichte und Erdkunde. Danach war sie 30 Jahre Lehrerin in verschiedenen Schulformen und Positionen. Nach ihrer Frühpensionierung begann sie mit dem Schreiben. Ein eigener Hund änderte die Lebensgewohnheiten, bis sie schließlich als ehrenamtlichen „Vollzeitjob" viele Jahre lang die Leitung der Tierschutz-Hundeschule im Tierheim Bochum übernahm. Nach einem Fernstudium (ATN) in Tierpsychologie, Fachrichtung Hund, ist sie heute im Rahmen der Hundeschule als Verhaltensberaterin tätig.

André Pluskwa, geboren in den Siebzigern, hat, wie wohl viele von uns, eine – so sagt man in gewissen Kreisen – gebrochene Biografie. Wobei er, immer auf der Suche nach einem Ausweg aus den Miseren unserer Zeit, inzwischen seinen inneren Frieden gefunden hat und sesshaft geworden ist. Heute lebt er mit Liebster, Kindern und Hunden ein kleines, deswegen feines Leben in Lüneburg. Dieses füllt er mit allem, was ihm lieb und wichtig ist. Neben seiner Familie nimmt auch die Arbeit für die Tiertafel, in der Obdachlosenhilfe und als freier Autor einen zentralen Platz ein (www.tiertafel.de, www.tierschutzverein-lueneburg.de, www.hundehilfe-polen.de).

Jürgen Streich ist 1960 in Frechen bei Köln geboren und lebt dort. Als freier Journalist befasst der Autor zahlreicher Sachbücher sich schwerpunktmäßig mit Abrüstungs- und Umweltthemen. Sein Buch „Vorbilder – Menschen und Projekte, die hoffen lassen – Der Alternative Nobelpreis" wurde von der renommierten Internationalen Bibliothek für Zukunftsfragen (Robert-Jungk-Stiftung) in Salzburg in die „Top Ten 2005 der Zukunftsliteratur" gewählt.

Marion Trost, geboren und aufgewachsen in Thüringen, war immer umgeben von Tieren, die auch alle einen Namen trugen. Beinahe noch ein Kind, führte sie das Schicksal eines Tages zu einem verängstigten, ausgesetzten Welpen, den sie sofort in ihr Herz schloss und mit nach Hause nahm. Fortan lebte sie 15 glückliche Jahre mit ihm zusammen. Dieses Erlebnis beeinflusste sie auch dahin gehend, dass sie anfing, Gedanken und Gefühle auf Papier festzuhalten. So entstanden im Laufe der Jahre viele Geschichten, von denen manche veröffentlicht wurden (www.marion-trost.com).

Andrea Wachsmann, geboren 1956 in Alfeld im Leinebergland. Als Tierfreundin von Kindesbeinen an erfüllte sie sich mit dem Umzug auf einen Alleinlagehof einen Lebenstraum. Dort entstand ein kleines Tierheim, das besonders Hunde mit wenig Chancen aufnimmt (www.imansbestfriend.de). Sie hat eine besondere Vorliebe für Herdenschutzhunde und besitzt daher das vermutlich bestgehütete Schaf im Emsland.

Silke Walkstein, geboren 1965 in Schwedt. Sie ist selbstständig und verfasst Biografien und Familienchroniken. In ihrer Freizeit schreibt sie sehr gerne Kurzgeschichten. Einige Erzählungen sind bereits veröffentlicht worden. Oftmals sind Tiere, für deren Rechte sie sich engagiert, die Helden der Werke. Zu ihren Hobbys zählt die Autorin das Lesen, die Musik und das Schreiben.

Anna Wöltjen, geboren 1976 in Braunschweig, hat Weltreligionen (Judentum, Christentum, Buddhismus und Islam) an der FU Berlin studiert. Sie hat eine Zusatzausbildung in Journalistik und schreibt gelegentlich für die Zeitschrift „Partner Hund". Außerdem hilft sie bei der Vermittlung spanischer Windhunde für den deutschen Verein „Interessengemeinschaft Galgos/Spanische Hunde e.V." Sie lebt mit ihrem Mann und zwei Schlittenhunden in Berlin und Brandenburg.

Christa Wright arbeitet seit 30 Jahren als Übersetzerin. Sie hat schon einige Kurzgeschichten geschrieben und diese in der Öffentlichkeit vorgelesen, aber noch nie etwas Schriftliches veröffentlicht. Die Entdeckung der telepathischen Tierkommunikation ist für sie ein absolut fantastisches Erlebnis gewesen, das das Zusammenleben zwischen ihr und ihrem Hund sehr viel leichter gemacht hat. Das Gespräch zwischen ihrem Hund und der Tierkommunikatorin hat genauso stattgefunden, wie es beschrieben worden ist.

Im Namen aller Hunde, denen durch den Verkauf dieses Buches geholfen werden kann, möchten wir den Autoren der Kurzgeschichten unseren herzlichsten Dank aussprechen dafür, dass sie mit ihrer Kreativität und ihrer Freude am Schreiben die Entstehung dieser Geschichtensammlung ermöglicht haben.

Bildnachweis

S. 7:   © k9stock – Fotolia.com
S. 21: © Ramon K.– Fotolia.com
S. 34: © Renate Brecher – Fotolia.com
S. 85: © Taira Gadzimski – Fotolia.com
S. 99: © Eric Isselée – Fotolia.com
S. 111: © Franz Metelec – Fotolia.com

Die übrigen Fotos wurden freundlicherweise von den Autoren zur Verfügung gestellt.

Neu im Herbst 2010

Elli H. Radinger
WÖLFEN AUF DER SPUR

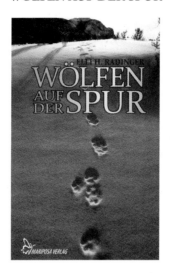

21 Autorinnen und Autoren sind dem Ruf der Wölfe gefolgt und haben sich auf ihre geheimnisvollen, urtümlichen, wilden oder magischen Spuren begeben. Daraus sind 24 spannende und ungewöhnliche Geschichten und Gedichte entstanden. Die Herausgeberin und Chefredakteurin des Wolf Magazins hat bei der Auswahl besonderen Wert auf eine authentische Darstellung der Wölfe gelegt, die dem aktuellen wissenschaftlichen Standard entspricht. „Die Autorinnen und Autoren haben großartig recherchiert. Viele von ihnen zeigen Wölfe in einem völlig neuen Licht. Die Auswahl der Geschichten hat mir großen Spaß gemacht, und ich hoffe, dass die Leser ebensolche Freude am Buch haben werden." (Elli H. Radinger, Hrsg.)

2010, 136 Seiten, Format 15 x 23 cm, Klappenbroschur
ISBN 978-3-927708-52-5

Tierbücher aus dem Mariposa Verlag (Auswahl)

Christine Ströhlein
Mein Hundeleben
Ein heiterer und fantasievoller Wort-Bild-Band
98 Seiten, broschiert, 40 bunte Fotos
ISBN 978-3927708-92-1

Kay Pfaltz
Lauren
Ein amerikanischer Hund in Paris
Deutsche Erstausgabe des Erfolgstitels „Lauren's Story"
183 Seiten, broschiert, viele Fotos
ISBN 978-3927708-60-0

Werner Koep
Wie Hunde Menschenleben retten
Denkmäler in aller Welt erinnern an treue Gefährten
112 Seiten, broschiert, diverse Abbildungen
ISBN 978-3-927708-49-5

Pia Bracony Schilling
Mein Berliner Hundehotel
Hundegeschichten aus den Fünfzigerjahren
160 Seiten, gebunden, viele Fotos
ISBN 978-3-927708-03-7

Helga Castellanos
Vom freien Leben
Tiergeschichten aus Südamerika
80 Seiten, französische Broschur, viele Farbillustrationen
ISBN 978-3927708-80-8

Das vollständige Verlagsprogramm finden Sie im Internet:
www.mariposa-verlag.de